微电商这么做才能赚钱

于久贺　著

人 民 邮 电 出 版 社

北　　京

图书在版编目（CIP）数据

微电商这么做才能赚钱 / 于久贺著. -- 北京 : 人民邮电出版社, 2016.5
ISBN 978-7-115-41858-6

Ⅰ. ①微… Ⅱ. ①于… Ⅲ. ①网络营销 Ⅳ. ①F713.36

中国版本图书馆CIP数据核字(2016)第034670号

内 容 提 要

在微电商行业激烈的竞争中，如何让自己的微店脱颖而出？如何进行微店营销？如何维护好自己的客户？这些是每个微电商创业者都关心的问题。

本书分为准备篇、营销篇、维护篇三大部分。“准备篇”介绍了微电商起步应做的准备，如何为微电商精准定位，如何为产品打造响亮的品牌。“营销篇”详细讲解了营销工作的细节和重点，包括如何提升用户转化率，如何利用自媒体吸引粉丝，如何利用微信红包增加流量。“维护篇”具体阐述了如何进行客户、系统、售后的维护。

本书适合对微电商有兴趣、希望了解微电商、打算致力于微电商创业的人士以及广大微电商从业者阅读。

◆ 著　于久贺
责任编辑　庞卫军
执行编辑　唐可人
责任印制　焦志炜
◆人民邮电出版社出版发行　北京市丰台区成寿寺路 11 号
邮编 100164　电子邮件 315@ptpress.com.cn
网址 http://www.ptpress.com.cn
大厂聚鑫印刷有限责任公司印刷
◆开本：700×1000 1/16
印张：11.5　2016 年 5 月第 1 版
字数：120 千字　2016 年 5 月河北第 1 次印刷

定　价：39.00 元

读者服务热线：（010） 81055656　印装质量热线：（010） 81055316
反盗版热线：（010） 81055315
广告经营许可证：京东工商广字第 8052 号

8亿微信用户撑起一个微电商时代

移动互联网时代的到来，对人们的思维方式产生了很大的影响。可以说，移动互联网从某种程度上改变了人们的生活方式，也给人们带来了全新的消费方式。微信作为一种社交软件，不但为人们的社交提供了便利，更为无数草根提供了创业的沃土，微电商就是在微信上发展出来的一种商业经营模式。

2015年，微信用户已经突破8亿人，并且以每日新增160万人的速度不断增长，创造了即时通信软件领域的奇迹。与此同时，微电商卖家数量也超过了淘宝卖家数量，这8亿微信用户必将撑起一个微电商时代。

微电商就是利用微信等社交工具，在移动社交平台上进行的商业交易的体系，它是移动社交电商集中的商业表现形式。微商是微电商的初级阶段，微电商以商城和系统等形式运营，使散户渠道阶段上升至平台阶段，是社交电商的一部分。

微电商的出现可以说是一种必然，它继承了移动互联网的很多优点，具有价格低廉、操作简单、交互紧密、信息丰富、物流快捷等特点，不论是找客户还是找分销商，或者是品牌推广，都可以借助移动互联网来完成，并且可以打破地域的限制，同时与不同地域的人沟通。微电商的这些特点都恰好与当下人们对消费方式和消费体验的需求相吻合。

纵观当下微电商发展的大环境，其发展现状为：首先，社交购物平台呈现多元化的发展趋势，包括商品、社交、终端、平台等，使得微电商从狂热回归理性，行业政策也在不断完善；其次，微电商的化妆品市场已经趋于饱和，消费者对该类微电商的关注度相对下降；再次，平台微电商开始逐渐取代社群微电商，从而加速了零售进程；之后，移动微电商迅速崛起，加剧了微电商市场的竞争；最后，微电商的消费人群向年轻化方向发展，并且女性消费者队伍日益壮大。

越是竞争激烈，越是有人能够干出卓越的成绩，微电商的成功案例不胜枚举。这些成功微电商是如何在众多微电商中独占鳌头，进而成为微电商界先锋的呢？这也是众多拥有微电商创业梦想的人士极为关注的问题。其实，从某种角度来说，做好微电商并不是一件难事。本书总结、归纳了成功微电商创业者的经验，将教你学会如何精准定位，如何为产品打造响亮的品牌，如何提升用户转化率，如何利用自媒体吸引粉丝，如何利用微信红包增加流量，以及如何进行客户、系统、售后的维护。所有这些对微电商的营销都是至关重要的，也是优秀微电商的成功之本。本书将为众多立志于微电商创业的创业者答疑解惑，并为他们迈向微电商成功之路奠定基础。

目录

第一部分 准备篇

第二部分 营销篇

第三部分 维护篇

第一部分 准备篇

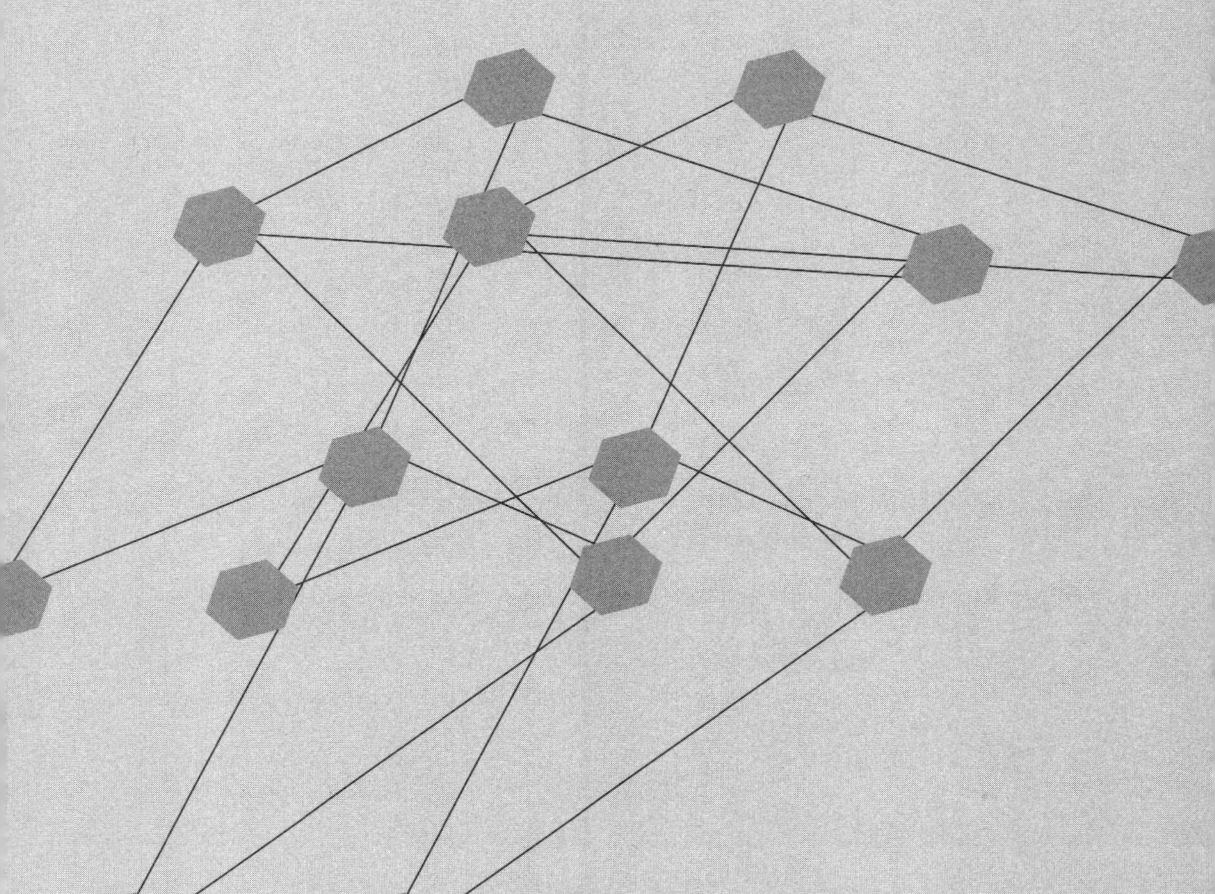

第一章　微电商起步，先学会精准定位

本章重点导读：

☆ 射击需要先瞄准目标，做微电商也是一样。只有先明确自己的目标，搞清楚自己喜欢什么、擅长什么、能做什么，才能敲开微电商创业的大门，最终做出成绩。

☆ 做好微电商首先要定好位，包括自我定位、经营模式定位、市场营销定位。其中最重要的、最关键的就是自我定位。自我定位是做微电商的首要一步。

☆ 无论是传统市场还是微电商，经营模式的选择都有着重要的意义。选择正确的经营模式对微电商能否走向成功至关重要。一旦选准了模式，那么其带来的效益将很可观。反之，如果经营模式不对口，无论多么努力，无论花费了多少人力、物力、财力和时间，也会事倍功半，甚至是徒劳无功、一无所获。

☆ 市场营销定位关键的切入点就是客户，找对客户群是关键。只有找对了客户群，后续的营销活动才能立竿见影。

定位的意义与作用：找对门子，才能打开路子

射击需要先瞄准目标，做微电商也是一样。只有先明确自己的目标，搞清楚自己喜欢什么、擅长什么、能做什么，才能敲开微电商创业的大门，最终做出成绩。

关于定位，在商界有这样一个经典的案例。

农夫山泉刚进入瓶装饮用水市场时名不见经传，而如今，一提起瓶装饮用水，很多人可能第一个想到的就是农夫山泉。作为当今市场上瓶装饮用水的领导品牌，农夫山泉有着很高的市场占有率。

农夫山泉为什么能够给人们留下这么深的印象？最主要的原因就在于其精准的定位。在国内的瓶装水市场中，花钱打广告的企业不在少数，比如娃哈哈的“我的眼中只有你”，乐百氏的“27层净化”，怡宝的“你我的怡宝”等。然而这些广告语虽然听起来很朗朗上口，但除了乐百氏的“27层净化”有着自己的特色，其他的广告都是大同小异。这样的广告很难将自己的产品与对手的产品区分开来，营销效果自然也就打了折扣。

让我们再来看看农夫山泉是怎么做的。当我们听到“农夫山泉有点甜”这一广告语时，相信大多数人都会有产生尝试一下的想法。正是“有点甜”的这一差异化的定位，让农夫山泉在竞争激烈的瓶装水市场中突围而出，迅速蹿升为备受大众关注的瓶装水品牌。

找对门子，才能打开路子。做传统市场如此，做微电商也是如此。只

有定位精准，才能找准用户的需求点，打开微电商创业的新局面。

当下的朋友圈微电商中，很多面膜产品令人目不暇接，在如此众多的“面膜大军”里，如何才能突围呢？

有一个面膜品牌是这样做的，它给自己的定位是做补水面膜，且只专注于补水面膜。补水面膜是长销面膜，很多女性几乎一年四季都会用。该面膜品牌将产品特色定位为补水，很好地集中了自己的优势资源，也能研发出更好的产品。

由此，我们不难发现定位对微电商的重要意义。首先，定位能够最大化地集中优势资源，让自己把所有的力量都集中在一个点上，这样就很容易做出成绩；其次，定位能够帮助你精准地找到自己的用户群体，有针对性地营销比漫天撒网效果显然更好。

当然，我们在给自己进行定位的时候，一定要注意以下一些问题。

1. 选定一个产品或者品牌，就不要频繁更换“跑道”

传统商业是以营利为目的的，紧跟市场动态，什么赚钱做什么。但微电商则更像是一种生活方式。这句话怎么理解呢？简单来说，微电商做的是圈子，也就是社群、部落，如果你经常换产品，你的粉丝还会信任你吗？恐怕是不能的。

所以，从这个意义来说，微电商不仅仅是一种事业，更是一种生活方式，你应该对你所选择的生活方式负责。

定位能让我们明确微电商创业之路的发展方向，具有战略性的意义。

一旦你选定了一个产品或者是一个品牌，在短时期内最好不要频繁更换，而是要本着一种负责的态度去经营和管理。只有这样，才可能赢得粉丝的信赖，才可能收获大笔的订单。

2. 精准定位，排除外界干扰

如今的时代是一个商业发达、信息爆炸的时代，每分每秒都会有无数的信息产生。这个时代充满了各种诱惑，你所选择和坚持的行业或许并没有别人的见效快、获利多，这个时候不要灰心，要学会排除外界干扰，不轻言放弃，你很快就能看到黎明的曙光。

在微电商界有一个很出名的例子，这个例子就是卖绘本的“哈爸”，他先是经营微信朋友圈，随后开通公众号卖绘本，最终实现了“日进三万三”。

不可否认，“三万三”是一个很可观的数字，但哈爸是一开始就做得这么大吗？显然不是。这一成绩的背后，是哈爸对经营绘本长达一年的坚持。

曾听过这样一句很有震撼力的广告语“有定位，才能更出位”。的确，那些优秀的企业家、创业者以及微电商之所以成功，之所以创造出了旁人无法企及的成绩，与他们在创业之初就对自己有一个精准的定位有很大的关系。就像阿里巴巴从一开始就致力于做电商、腾讯从创立之初就致力于做社交、百度一开始就着重做搜索一样，定位精准，发力目标才更明确，效果也才能更加立竿见影。

自我定位 = 角色定位 + 方向定位

做好微电商，首先要定好位，包括自我定位、经营模式定位、市场营销定位。但其中最重要也是最关键的就是做好自我定位。自我定位是做微电商的首要一步。

如何做好自我定位？要分两步走（如图 1-1）。

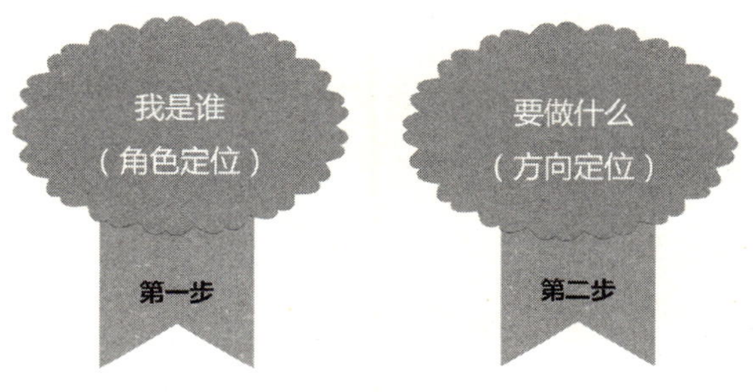

图 1-1　微电商的自我定位

1. “我是谁”，即角色定位

我们在进行角色定位的时候，首先要明白一个问题：我们要做的是个人微电商还是企业微电商？只有先弄明白了这个问题，才能真正地进行精准定位。

（1）个人微电商。如果是做个人微电商，那么创立之初就要把自己的微信经营好，这是做个人微电商的关键。因为拥有数量庞大的微信好友，实际上是为日后做微电商奠定良好的销售渠道。通过个人微信可以直接招代理或进行产品销售。在起步阶段，可以借助品牌来吸引微信好友做自有品牌的微电商代理，然后通过第一级微电商代理吸引并招揽下一级代理，这样循序渐进，就能逐渐形成庞大的销售渠道。

相反，如果没有庞大数量的微信好友做后盾，就不会有强大的销售渠道，也会严重影响产品的销售量。

有的人开始做微电商，是因为听到朋友们谈论微电商很赚钱，于是有了兴趣，然后在并没有真正了解微电商的情况下就大张旗鼓地干了起来，结果不到三个月就不得不罢手。他们回过头来反省自己的同时，也开始向别的微电商取经。这时他们才发现，之前自己做微电商的时候并没有真正地领悟到，微电商应该从那些拥有既有优势的地方开始做起，之前都是蛮干。做个人微电商，关键的第一步就是经营好自己的微信，获得庞大的粉丝群。庞大的粉丝群是做好微电商的力量源泉。如果仅凭一人之力做微电商，迟早会捉襟见肘，被琐事所困，无暇进行销售。

（2）企业微电商。如果将自己定位为企业微电商，那么就要在经营过程中根据自身特点和现有的业务形态来建立适合自己的营销模式。

有了朋友圈就有了社交网络。做微电商，社交网络很重要，朋友圈则是建立社交网络的关键。对企业微电商而言，这句话依然适用。要想做好企业微电商，不但要有个人微信做后盾，通过微信朋友圈传播自己的产品；也要建立公众账号，搭建公众平台，把微信作为一种自媒体，为企业品牌宣传造势，让自己的品牌获得更多人的关注。

具体做法如下：

（1）开通一个专门的业务微信；

（2）用该微信账号绑定业务QQ，激活潜在客户和老客户；

（3）在微信朋友圈发送一些精美的，以及最新上线产品的图文。

王小姐之前是经营服装企业的，她在2014年做起了微电商。开始的时候，她将自己定位为企业微电商。在创建之初，王小姐建立了自己的业务微信，并通过微信绑定了以前注册的4个QQ号，每个QQ号之前都有上千个好友，而且这些好友其实都是她以前已经合作过一次，或者虽未进行交易但有潜在交易价值的好友。王小姐会经常在自己的微信朋友圈里发布自己公司新近上市的产品以及其他一些精美的产品，以此吸引老客户和潜在客户的关注。其四千多个好友中对产品感兴趣的人成了产品的免费宣传者，进而吸引下一级消费者前来购买。与此同时，王小姐还要求其手下的员工都采取和她一样的方式进行品牌宣传和营销。在一个月的时间里，王小姐的销售总额就超过了100万元。

由此可见，无论是做个人微电商还是企业微电商，都需要极大地转变与客户沟通的方式，即由原来面对面和电话等形式的口头交流变成如今QQ、微信等形式的图文交流。目前诸多品牌企业开始从线下实体店向线上进军，其中典型的例子就是国内领先化妆品品牌珀莱雅。

2015年5月4日，先后由电影明星章子怡、“美容大王”大S，以及影视明星佟丽娅代言的珀莱雅化妆品，运用“健康模式”（珀莱雅的健康理念：人要健康、品牌要健康、企业要健康、团队要健康、模式要健康）正式获得认证，进军微电商渠道，并向全球招募微电商代理。珀莱雅作为国产五大化妆品品牌（自然堂、丸美、美肤宝、美素、珀莱雅）之一，开始领跑互联网微电商领域（见图 1-2）。

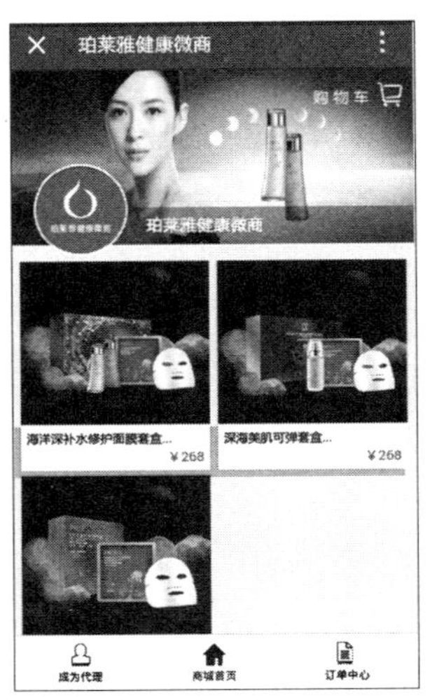

图 1-2　珀莱雅进军微电商

2. **做什么，即方向定位**

在做好角色定位之后，第二步要明确自己要做什么、要销售什么产品，即进行方向定位。在进行方向定位的时候，应依据自己的兴趣、爱好，以及特长或拥有的资源优势来决定销售的产品。

（1）依据兴趣、爱好进行方向定位。兴趣和爱好是影响一个人能否做好一件事的不可忽略的要素。一个人的兴趣与爱好往往会决定其未来的发展方向。通常情况下，当一个人对某件事情很感兴趣或这件事正是他的爱好时，他才能全身心地投入到这件事当中，将其做好。做微电商也是如此。自身的兴趣、爱好也是决定微电商成功与否的先决条件。我们只有对自己所做的微电商产品感兴趣，才能对其有更加深入的了解，才能从中找到乐趣。也只有感兴趣、有乐趣，才能点燃一个人的营销热情，激发一个人的创新激情。因此，兴趣、爱好对于经营微电商来说大有裨益。

（2）依据自身特长或拥有的资源优势进行方向定位。任何人都有一技之长，在做微电商的时候，更要结合自己的特长和资源优势来给自己销售的产品及未来的发展方向定位。

举一个简单的例子。有的人重视味觉享受，擅长吃，天南海北的美食、国内外的特产，无一没有品尝过，也正是吃这一特长，让他们极为关注全世界美食的产地、口味等，并因此积累了大量的美食方面的资源。而有的人则非常爱美，因此经常关注国内外的一些奢侈消费品的相关资料及新消息，使其成了奢侈品的代理或“万事通”，无论讲起哪个品牌他们都能娓娓道来。他们的这些特长和拥有的资源优势，就能够帮助他们决定经营微电商应该从哪方面着手，并能令他们在日后的经营中游刃有余。

经营模式定位：选准模式，效益翻倍

无论是传统市场还是微电商，经营模式的选择都有着重要的意义。选择正确的经营模式对微电商能否走向成功至关重要。一旦选准了模式，那么其带来的效益是很可观的。反之，如果经营模式不对口，无论多么努力，无论花费了多少人力、物力、财力和时间，也会事倍功半，甚至是徒劳无功，一无所获。

那么如何才能定位好经营模式呢？什么样的经营模式更适合自己呢？

1. 粉丝经济型模式

如今是粉丝时代，随着微信、微博等社交工具的出现，现代人的社交生活也在逐渐改变。粉丝已经由原来追星族的代名词转变为一种经济趋势，“粉丝经济”已经成为了当下的一种新生力量，推动着商业的发展。尤其是在微电商方面，粉丝经济更是成为了主要的驱动力量。

马化腾虽然没有制造出实体商品，但打造出了亚洲资本市场中市值最高的公司。那么他是凭借什么做出了如此卓有成就的事业呢？答案非常简单，是其打造的腾讯产品吸引了广大用户，进而形成高度群集化、高度粉丝化的经营模式。事实上，马化腾与他的腾讯公司生产的并不是什么产品，而是一种生活方式，这种生活方式已经影响了我国十几亿人口，甚至是全世界几十亿人口的生活方式以及思维方式，对全人类生活方式的改变都具有深远的影响。

显然，这种粉丝经济的经营模式十分适合微电商。在做微电商的时候，通过微信好友获得大量粉丝，利用与粉丝的互动进行销售，逐渐实现好友向粉丝的转化、粉丝向销售代理的转化，这样就大大提高了转化率，也从根本上保证了产品的销量。换句话说，只要粉丝的数量不断增长，产品的销售量就会不断地提升。

每个事物都有其两面性，粉丝经济模式也是优缺点并存。

优点：简单，易操作，对技术要求不高，只需添加好友、刷朋友圈即可。

缺点：微信版本在更新至 5.3.1 版本时，就已经将微信好友数量限制在了 5000 人以内，因此，要想获得更多的好友、拥有更多的粉丝，就需要增设更多的微信号。另外，微信越来越重视用户体验，因此每次版本的更新都会对添加好友的数量进行一定的限制，这样就间接地降低了粉丝转化率，使得粉丝数量相对减少。

对于以上缺点，大多数微电商目前采取的办法就是借助第三方软件。在一台手机上能够安装的微信数量是有限的，通常可以安装30~50个，然后在好友数量限制范围内添加好友。但是，这种方法并不能从根本上解决问题。首先，微信官方对这种做法采取了限制的态度，会随时对这样的微信号采取封号措施；其次，微信版本在不断更新，手机系统也在不断升级，这样，微电商的操作系统也必然会随之改变；再次，微电商系统的不断升级，必然导致操作方式更加烦琐，这样就对使用者的技术提出了更高的要求；最后，使用人数的急剧增长使得数据的精准性降低，在这种情况下，"僵尸粉"或者同一份数据被多人使用的情况将无法避免。

针对当前情况，未来微电商的玩法必然会有所改变，必然会向更加可持续发展的模式发展，微信公众平台可能会成为一种可持续发展模式而受到更多人的青睐。微信公众平台具有更多优势：粉丝数量不受限制；受到官方的大力支持；开放性平台为粉丝实现"自我裂变"提供了可能；具有多种营销方式，无需狂刷朋友圈；能够快速、有效地解决支付、客服问题。其中，微商城就是一个典型的微信公众第三方平台。

2014年，由福建思博软件科技有限公司针对微信、易信公众账号所提供的功能以及其服务而开发的微信公众第三方平台微商城（即微信商城）建成。这为更多的商家提供了一个可以进行电子商务活动的平台，也是商家进行产品宣传的一个良好的平台，极大地促进了产品的推广。微商城也为消费者提供了诸多一体化服务，包括商品查询、选购、体验、互动、订购、在线支付等。

2. 代理渠道型模式

所谓代理渠道型模式，是指放弃直接客户或者少做直接客户，而将重点放在代理商上。该种模式同样有利有弊。

优点：发展速度较快，发展的下级数量比较有限，操作起来比较轻松，可以说是一种一劳永逸的模式。

缺点：在初具规模的时候收益并不是很高；对团队的整体合作提出了较高的要求，如果整个团队不能做到井井有条、各司其职，而是互相抢代理、抢资源，就会成为一盘散沙，价格体系可能会被严重破坏，最终导致整个团队就此瓦解；需要准备大量的资金做后盾，保障库存，较为分散的库存不利于产品数量的管控。一旦出现问题，就会带来退货等负面影响，造成的损失将是不可估量的。

3. 服务关系型模式

服务关系型模式实际上是指为粉丝提供优质服务，从而营造良好的服务氛围、加强服务关系的一种模式。服务关系型模式更强调服务的质量。

这种模式可以使复购客户成为以后的主要营收来源。采用这种经营模式，就需要在基础客户中进行大面积筛选，留下潜在客户和老客户，淘汰非精准客户，提高客户质量。通常每 1~3 个月就进行一次筛选，从而提升大客户的基数。这一模式的优缺点如下。

优点：客户比较稳定，不受外界竞争的影响，利润提升空间较大。

缺点：对服务质量提出了较高的要求，每 1~3 个月进行一次筛选的周期较长，因此起步阶段所获得的效益不太明显。

现在，无论做什么都讲究服务，如果消费者花钱不但能买到质量上乘的产品，又能换来满意的服务体验，那么顾客的复购率是将大大提升。而这就要求商家不但要销售产品，更要注重提升产品附加服务。当顾客进店咨询自己心仪的商品，但是拿不定注意该买哪款时，商家就要拿出自己的热情和激情，像对待朋友一般耐心细致地帮助顾客分析，并引导其作出最终的选择。这样接触以后，顾客必然会感受到商家的真诚，觉得商家为人热情，有一种亲近感，就会把商家当成朋友，在之后也更容易成为回头客。久而久之，顾客的角色便会由普通的顾客变为回头客和忠实的老顾客。而他们也会向身边的朋友、亲人、同事推荐商家，这会给商家带来一笔非常巨大的财富。

4. 品牌资源型模式

所谓“物以稀为贵”，品牌资源型模式就是微电商以某产品的稀有为特点作为其市场竞争的一大优势。由于占有稀有品牌的优势，其他企业在这方面的竞争力就相对较弱，这将有助于商家快速将该稀有品牌带入微电商渠道进行销售，通过品牌的号召力来强化品牌的口碑，从而进一步提升营业额。这一模式的优缺点如下。

优点：竞争较少，获取的利润较丰厚。

缺点：由于品牌为稀缺资源，因此无论是自创品牌还是深入挖掘已有

品牌，都对创业者所拥有的资源提出了较高的要求，并且对资金、团队等方面的要求也较高。

5. O2O 模式

O2O 模式形成于 2014 年，爆发于 2015 年，已经成为当下最火热的经营模式。O2O 模式是要实现线上线下相结合，这是发展微电商最为合适的经营模式。这一模式的优缺点如下。

优点：线上线下深度结合，不受空间、时间的限制，并且拥有线下客户体验环节，使得客户能够更近距离地接触产品，并享受产品带来的体验。也使用户更加迷恋产品所带来的享受感，从而为微电商创业者提供了更好的创业机会和竞争优势。

缺点：需要大量的资金进行线下场地的布置工作。

综上所述，以上五种微电商的经营模式各有各的优势，也各有各的缺陷，这就要求微电商创业者结合自身的特点，有针对性地选择更适合自身发展的经营模式。

市场营销定位：找对客户群体，效果立竿见影

做好自我定位和经营模式定位之后，还有关键的一步就是进行市场营销定位。

市场营销定位是诸多企业在销售产品之前就需要考虑的问题，市场营销定位要求制定精准的营销策略，从而帮助微电商创业者更加有条不紊地

进行产品销售。如果市场营销定位不准确，那么微电商将面临大量商品积压的问题，更严重的将导致产品大面积滞销，甚至倒闭。

事实上，市场营销定位的关键切入点就是客户。将“向客户提供完美的体验，一切为了客户，为了客户的一切”作为市场营销定位的宗旨，定会起到事半功倍的效果。因此，进行市场营销定位，找对客户群是关键，只要找对了客户群，那么之后的营销效果将立竿见影。

那么，如何做好市场营销定位呢？答案很简单，首先要进行客户定位，其次就是客户价值分析。

1. 客户定位

微电商想要做好市场营销定位，首先需要锁定目标客户群体，并根据营销模式以及客户特征来甄选合适的客户。如果采取直销，就要选择适合直销的客户；如果选择代理渠道模式，就要选择适合微电商创业的客户群体作为自己的代理商。所以，进行客户定位，首先要了解自己的产品和服务是否符合客户的特点，其次要判断针对客户进行的营销能否达到预期效果。

（1）目标客户群体是否适合产品。我们举个简单的例子来说明。就拿面膜来讲，如果你向一位 80 岁的老太太推荐一款嫩白面膜，结果是显而易见的。80 岁的老人更加在乎的是膝下儿孙满堂、全家祥和安康；至于自己的脸是否水润白皙，早已不重要。同样，如果是向男士推荐该款面膜，结果也不会理想。因此，根据客户的需求判断目标客户是否真的适合产品，是客户定位的关键。

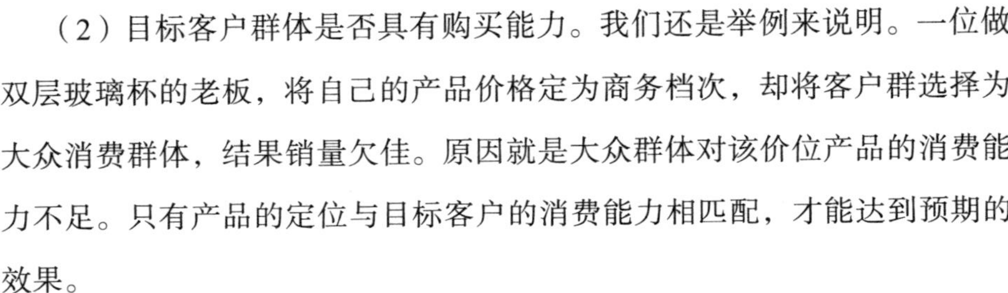

（2）目标客户群体是否具有购买能力。我们还是举例来说明。一位做双层玻璃杯的老板，将自己的产品价格定为商务档次，却将客户群选择为大众消费群体，结果销量欠佳。原因就是大众群体对该价位产品的消费能力不足。只有产品的定位与目标客户的消费能力相匹配，才能达到预期的效果。

2. 客户价值分析

不同的客户具有不同的价值，也会有不同的产品需求。因此，对客户价值进行详尽分析也有非常重要的意义。

（1）社群定位。我们所生活的社会是由诸多社会群体构成的，按照性别年龄来分，有男有女，有老有少，有“00后”“90后”“80后”等；按照工作职业来分，有学生、教师、白领、工人、家庭主妇等，每个社群都有自己的特点，因此在做微电商的时候要根据产品特征进行精准的人群定位，对于哪些群体适合该产品、哪些不适合该产品，微电商要做到心中有数。

（2）客户价值分析。详尽的客户价值分析更有助于微电商创业者选择产品的推销对象，更有利于产品的销售。以销售化妆护肤品为例，对客户价值进行的深入分析如表1-1所示。

表 1-1 客户价值分析及引导

序号	客户类型	客户特点	客户对产品的需求（客户价值）	预防客户流失的对策	引导其推荐产品的方法
1	学生	A. 资金来源有限 B. 保养意识较弱 C. 有进取心 D. 购物欲较强	A. 性价比高的产品 B. 保养指导	针对其资金来源有限、保养意识较弱的特点，正确引导其选择适合自身的保养护肤品	根据其所处的环境，引导其通过 QQ、微信等社交软件广泛发帖，并在身边的朋友圈、同学圈大力推荐产品
2	年轻女性	A. 包括白领、年轻妈妈 B. 资金丰厚 C. 保养意识强 D. 购物欲强	A. 质量高、有档次的品牌产品 B. 正确、高效的保养指导	根据白领的工作环境以及其使用化妆护肤品牌的习惯等，推荐专属的有防辐射作用的保养护肤品	利用其工作圈、朋友圈优势，引导其通过 QQ、微信、微博、邮件等方式广泛发帖，向朋友、同事大力推荐产品
3	家庭主妇	A. 部分白领、家庭主妇 B. 资金丰厚 C. 保养意识强 D. 购物欲强	A. 质量高、有档次的品牌产品 B. 正确、高效的保养指导	根据白领的工作环境以及其使用化妆护肤品牌的习惯等，制定专属的保养护肤产品，以达到防辐射、护肤的目的	利用其工作圈、朋友圈优势，引导其通过 QQ、微信、微博、邮件等方式广泛发帖，向朋友、同事大力推荐产品
4	大龄妈妈	A. 接近中年的大龄妈妈 B. 资金丰厚 C. 保养意识不太强 D. 购物讲求经济实惠	经济型的保养指导	针对大龄妈妈的肤质特点以及消费理念，推荐更加适合大龄妈妈的经济型护肤产品	利用其朋友圈优势，引导其通过 QQ、微信，以及朋友聊天等方式向朋友、亲人大力推荐产品
5	男性客户	A. 年轻、生活品质高的男性 B. 资金丰厚 C. 爱保养 D. 喜欢给自己的妻子买	正确、高效的保养指导	根据男性的工作环境特点以及所用产品的品位，推荐更实用的保养护肤产品	利用其广阔的社交圈，引导其通过 QQ、微信、微博、邮件等方式广泛向朋友、同事大力推荐产品

第二章　打造一个响亮的品牌，是迈向成功的关键

本章重点导读：

☆ 做微电商要起一个响亮的名字，这样才能让广大客户将你铭记于心。一个出彩的品牌名称，可以让你得到更多的关注和订单。

☆ 一个生动、感人的故事可以让聆听者产生情感上的共鸣，通过故事情节让他人将品牌铭记于心，并从心底接受、认同产品，进而引起其想要购买产品的意愿，并最终将这种意愿转化成一笔笔交易。与此同时，顾客也愿意将故事向更多的人传播，号召更多的人关注品牌，这样就形成了一种良性循环。

☆ 做微电商，要明白“99% 做关系，1% 做销售”的道理，要学会利用朋友圈的社交关系来做营销。快速成为朋友圈红人，是微电商实现快速盈利的关键。

☆ 做微电商，其实就是做社交网络。社交网络即人与人之间的关系，只有强互动，才有强关系。互动的目的是使商家和顾客相互熟悉、增进感情，并在此基础上建立信任，进而提升交易量。

起一个好记上口的名字

做微电商，要起一个响亮的名字，这样才能让广大客户将你铭记于心。一个出彩的品牌名，可以让你得到更多的关注和订单。

那么如何才能让起的名字既好记又上口，并且充满创意呢？

1. 给微电商品牌起名要注意些什么

（1）三流企业做产品二流企业做品牌一流企业做文化。俗话说“人如其名”，意思就是一个人的性格和主要特点与他名字内涵是一样的。换句话说，就是从名字就能知道这个人的性格特点。在给微电商品牌起名的时候，一定要将品牌名称与文化相结合，并且要重点突出该品牌的文化性，让人一看到品牌名称就能了解产品的特点。例如，销售的产品是书籍，最好让人能从品牌名中感受到书香气息扑面而来，如“翰墨书香”（古诗词精粹）；销售的是茶品，最好能让客户从品牌名中感受到茶香幽幽，如“茶香丽舍”（普洱茶）；销售的是化妆品，就要让客户看到品牌名就感觉到一位温文尔雅的粉黛佳人跃然而动，如“绮罗粉黛”（雅诗兰黛）。这样起名字既好听又好记，还有内涵，让客户一看就能感受到品牌的文化内涵。

（2）品牌名确定下来后就要一直使用，切勿随意更改。因为品牌名更改频繁，不便于客户识别，很可能以前积累的庞大客户流也就此散失。因此，这就要求微电商在起品牌名称的时候一定要斟酌再斟酌，慎重再慎重。

微电商与客户之间的关系并不是一朝一夕建立起来的，而是通过多次的沟通、交易逐渐形成的。微电商是通过网络这种虚拟桥梁将买方与卖方联系

起来的，再加上微电商数量众多，一旦改了名字别人可能就会找不到你，很可能会将目光转向其他店铺。相信很多人也遇到过这样的情况：之前在一家店铺买了一件商品，无论产品质量还是店家的服务态度都是一流的，自己对这家店铺的印象非常好，并希望下次有需要时还来这家购买。然而，几个月过后，当你想再次购买商品时，却发现之前名叫 ×× 的微电商店铺不见了。后来翻看了之前的聊天记录后才发现，原来这家店铺改了名字。试想一下，如果买家没有仔细查看聊天记录，或者之前的聊天记录已经清除了，那么他就再也找不到这家店铺了，而直接遭受损失的只能是商家。

（3）做微电商最重要的就是信任。一旦商家取得了客户的信任，客户将逐渐成为店铺的忠诚粉丝，店铺就会得到客户的认可与持续支持。因此，在起名字的时候也要尽量突出优势来赢得客户的信任。

这里举一个简单的例子。当初京东和淘宝之间的竞争异常激烈，京东就抓住了淘宝的“软肋”改进自己的经营模式，最终获得了众多客户的信任，并将他们转化成为了京东的粉丝。当时淘宝有两大缺点，一方面是鱼龙混杂，假货横行；另一方面是物流速度缓慢，近距离的也要两天时间，远距离的需要三至五天不等。京东就抓住了淘宝的这两大痛点，打出了自己的品牌，主打“上京东买真货”和“同城一日达”。从这两点出发，京东的确“收买了”很多消费者的心。很多消费者宁可多花钱也要买真货，享受一日达的快速服务，而不再去淘宝捡便宜。

2. 给微电商品牌起名的方法

给微电商品牌起名是微电商营销的重要环节，所起的名字一定要具有

实用性、趣味性，还要与自己经营的产品有关联。

（1）直接借用法。是指直接借用其他网站、经销商的名字。如：天猫（个性化微电商）、王力宏（微信点歌）、九点杂志（十分有趣、有料的掌上杂志）、名车志（汽车信息分类推荐），等等。

（2）实用分类法。是指能够具体体现微电商实际用途及功能的名字。如：OSM 欧诗漫微电商（欧诗漫品牌的美妆、护肤、个人护理产品）、拉卡拉微电商服务（拉卡拉商户服务平台，可及时查询 POS 交易、POS 划款记录等信息）、微景旅游（提供环球旅行路线优惠特卖，为各国旅行社、机票、酒店等做推广）、酒店助手（订酒店，推送附近的快捷酒店），等等。

（3）形象取名法。是指通过形象的手法（包括拟人、比喻等）表现抽象事物，能将抽象事物具体化的名字。如：她读（女性专属时尚阅读，时尚、娱乐、故事、生活态度，在阅读中寻找美好）、迷她尚购（全球知名品牌汇聚）、小鸟说（精选早餐、下午茶、宵夜等各种小吃，及时送达，其名称借用俗语“早起的鸟儿有虫吃”，将“小鸟”和“吃”联系了起来）、大象就医（预约、挂号、缴费、候诊、查报告等一站式医疗服务）、吐泡王（阳澄湖大闸蟹专营）、盒子快跑（好油、好米、新鲜食材，提供营养健康五星级便当），等等。

（4）提问式取名法。是指通过提问的方式来吸引消费者关注的名字。如：饿了么（跟吃有关的一切）、今晚看啥（搜寻好看的电影）、什么值得买（优质产品推荐）、穿什么（男性穿衣推荐）、什么最赚钱（告诉你做什么最赚钱）、周末做啥（引领都市人的周末享乐方式），等等。

（5）另类取名法。顾名思义，该种取名方法抛开了传统，所起的名字看上去十分另类，更有新鲜感和趣味性。如：阿道夫（定制健康秀发）、本吐电影（最精品的电影）、花言草语（让女性真正拥有自然、静雅之美）、臭东呱（与吃有关，闻起来臭，吃起来香）、臭土咖（经营护肤品、药妆防晒产品及泳装配饰），等等。

（6）区域行业法。是指按照区域、行业起名。如：北京旅游（提供北京景区订票、酒店、美食全程服务）、上海美食（与上海有关的各种美食）、郑州房产（提供看房、选房、购房、入住、家居装修一系列服务），等等。

总之，给微电商起名的方法有很多，还可以从热门话题、音乐、健康、时尚、学习、生活等方面入手，使微电商的名字更有趣味性，给人一种好玩、好记、上口的感觉。

讲一个好故事，为你的品牌加分

一个生动、感人的故事可以让聆听者产生情感上的共鸣，通过故事情节让他人将品牌铭记于心，并从心底接受、认同产品，进而引起其想要购买产品的意愿，并最终将这种意愿转化成一笔笔交易。与此同时，顾客也愿意将故事向更多的人传播，号召更多的人关注品牌，这样就可以形成一种良性循环。

那么，做微电商如何才能通过讲述一个好故事，事半功倍地提升品牌的知名度呢?

1. 如何才能成功地讲述一个故事

（1）故事要具有真实性。讲述的故事一定要真实，不得虚构捏造。即使故事煽情动人、催人泪下，但若不是真实事件的话，也是没有任何可信度的。这样不但不能真正打动顾客，反而会适得其反。卖家真正要做的其实就是以故事的形式将品牌的诞生经历、过程真实地反映出来，但是也可以在真实的基础上适度地进行加工润色，使得故事的脉络更清晰、可信度更高，故事情节更加生动、更加完美、更加富有感染力。

（2）故事要具有典型性。讲述故事时要截取典型部分，抓住重点，突出我们是做什么的、跟别人有何不同、我们代表着什么、有什么愿景，这也是故事的蓝本。故事要包含品牌的价值观，不能空泛地讲述。只有这样才能让品牌故事更具有吸引力，让聆听者感觉回味无穷、引人深思，才能达到提升品牌影响力、提升运营效率的目的。

（3）故事要具有实时性。陈旧的故事会让聆听者产生一种老调重弹的感觉，进而会产生厌烦或排斥的感觉，在故事还没有讲完时，聆听者就已经没有听下去的欲望了。因此，要抓住时下人们关注的事物或流行的趋势进行讲述，让更多的聆听者也能从中感受到新形势下该品牌的重要性，这样他们才会对该品牌的产品产生购买欲望，进而达成交易。

2. 每个步骤的操作方法及要领

（1）寻找真实的优秀素材。讲故事，素材才是关键。没有好的素材，就不会有好的故事诞生。一个品牌的形成必然会经历很多过程，在这些过程中会有很多艰辛的、痛苦的、美好的、让人铭记于心的情节，但并不是每个情节都是能让故事引人入胜的好素材，只有具有生命力的素材才是诠释品牌价值的好素材。一个由具有生命力的素材编织而成的故事，融入了深厚情感，因此聆听者可以从故事中挖掘出品牌的价值。例如，食品的广告中会重点强调食材是经过精挑细选而来的，是经过多重机选后再由人工严格把关，花费很多时间才留下了原料的精华部分。这类广告可以让观众感受到“粒粒皆辛苦”。

2014 年农夫山泉的电视广告宣传片《一个你从来不知道的故事》，讲述了农夫山泉的故事。宣传片的内容如下。

2008 年，农夫山泉的水源勘探师方强在长白山麓的原始森林里，又发现了一处优质的天然水源。自 1999 年，农夫山泉开始在全中国寻找水源，已经有整整 15 年了。方强，这个长着一对小眼睛的男子就是本片的主人公，也是方腊的第 28 代孙，他在农夫山泉工作了 18 年。

虽然经过了反复严谨的科学论证，但从实地考察到选定水源，往往需要经历 2~3 年的时间和上百次的检测。这是方强第 78 次徒步上百公里，进入长白山森林腹地勘探水源。对于方强来说，每一次水源勘探的过程，都是一次对身体极限的考验。在零下 30 摄氏度的林子里走上十天八天，风餐露宿早已是家常便饭。生活在南方千岛湖的方强，已经对长白山的这片森林以及这里的地理环境了如指掌。在零下 30 摄氏度的森林里，只有地下涌泉才会保持 9 摄氏度的水温。方强抬头看到整片银白色的树挂，只有巨大的温差才会形成这样的景观，他的心里格外激动，因为这代表着在不远处就是涌泉的出口。

长白山大面积的森林植被与充沛的雨水为地下涌泉的储存提供了条件。

火山岩里的矿物质和微量元素被渐渐融滤到水中，在岩层间的经流时间长达30年甚至60年。

2010年，农夫山泉率先在长白山建厂，从一期工程到如今的四期工程，秉承“水源地建厂，水源地灌装”的原则，农夫山泉已经在长白山建立了迄今为止最早也是最大的瓶装水生产基地。2010年，为了更好地保护水源，在农夫山泉的倡导下，当地政府在农夫山泉水源地周围建立了10平方公里的水源保护区。同年，靖宇历史上第一条铁路开始修建，起点就是农夫山泉靖宇水厂，这也是长白山唯一一条瓶装水专用线。农夫山泉对于水源近乎苛刻的要求，是方强发自内心的自豪。

农夫山泉：“我们不生产水，我们只是大自然的搬运工。”

农夫山泉这则长达5分钟的广告，通过实地、实人、实事讲述了方强历经艰难最终找到优质水源，并将其作为农夫山泉瓶装水源灌装基地的过程，体现了农夫山泉“我们不生产水，我们只是大自然的搬运工”的理念。这个故事重点突出了“大自然的搬运工”，表明农夫山泉水源是真正纯天然的。

（2）加工润色。找到了好素材，还需要对素材进行加工。一番润色后，一个原本简单的故事就会变得形象、生动，让听众感到整个画面跃然于脑海之中，仿佛亲临一般。这里我们还以农夫山泉的广告来说明。

上面的故事如果用一句话来概括，就是“方强在长白山寻找水源，成就了农夫山泉”。但这样看起来干巴巴的，不能引起听众的共鸣；寻找水源的过程如何艰辛、水源如何清洁天然，无法传达给听众。但是，如果对这句话进行加工、润色、扩充，整个故事就马上变得生动起来，整个画面全都映入听众的脑海，他们对方强寻找水源的艰辛以及农夫山泉来自纯天然的洁净都有了很好的了解。

（3）最终定稿并进行实际检验。在真实素材的基础上进行反复加工润色之后，便形成了故事最终的定稿，之后要做的就是对最终确定下来的故事进行实际检验。

在微电商体验馆中，向聆听者讲述生动感人的故事，通过检验故事是否真的能够让众多聆听者产生共鸣，确定产品能否真正成为他们认可的品牌。

仍以农夫山泉为例。农夫山泉讲述着自己的故事，与此同时也邀请社会各界以及媒体人士等参观工厂。2015 年，农夫山泉开始进军高端水，他们向大家讲述高端水的形成理念以及精美、体贴的独特设计，并邀请各大媒体参观，获得了社会各界及媒体的一致好评。

快速成为朋友圈的红人

做微电商，要明白“99% 做关系，1% 做销售”的道理，要学会充分利用朋友圈的社交关系来做营销。事实上，朋友圈就像是自己的商圈一样，商圈范围广，做起营销来自然得心应手；商圈太窄，客户太少，做起营销来自然无法施展拳脚，无法实现快速盈利。因此，快速成为朋友圈的红人，是微电商营销实现快速盈利的关键。

那么，究竟如何才能快速成为朋友圈的红人呢？

我们在加微信好友的时候，都会先查看该微信用户的个人资料，包括头像、昵称，并大致地了解其朋友圈内的信息、个性签名，之后才能确定这个人是否符合自己的交友原则，是否值得进一步深交等。对微电商来说也是同样的道理，只不过别人看到的是微电商的 Logo（头像）、品牌名称（昵称）、广告位（朋友圈封面图）和广告语（个性签名），如图 2-1 所示。

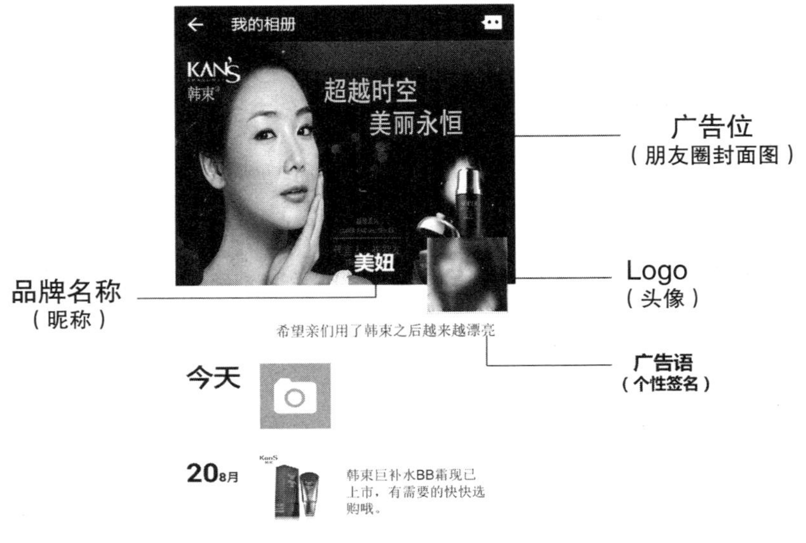

图 2-1　微电商的资料

1. Logo

Logo 相当于微电商的门面，无论是你加别人为好友还是别人加你为好友，第一眼看的都是你的 Logo。如果 Logo 能够充分体现微电商的销售内容，能够在茫茫的微电商商户中第一时间抓住微信用户的眼球，这就表明你已经在通往朋友圈红人的道路上迈出了成功的第一步。

Logo 的设置原则包括以下几点：

（1）如果是借用已有品牌做微电商，那么就使用该品牌的图片；

（2）如果是自己做品牌，可以用自己的头像或者精心设计的 Logo；

（3）如果是借用本地化商铺，就可以使用商铺的照片。

其实，做微电商上就是做社交网络，朋友圈就是扩充社交网络的最有效途径。社交网络一旦打开了，就不愁没有销量。我们在添加好友、与好友聊天的时候，比起和不知道对方是什么样子、也没有 Logo 或店铺图标的人沟通，我们更愿意和有真实头像的人沟通。因此，在设置微电商头像的时候，最好使用自己的照片，而且照片要尽量清晰，尽量用近照。如果是女性，则可以适当化淡妆，发型要适当打理，背景要干净。总之，要体现出自己简洁、大方、美好的一面。

2. 品牌名

关于如何给品牌起名，本章的前一节已进行了详细讲述，此处不再赘述。

3. 广告位

广告位其实是整个相册里最为显眼的黄金位置。我们在添加微信好友的时候，最先映入眼帘的就是广告位部分，但这也是诸多商家最容易忽略的地方，因为他们往往更注意朋友圈的消息。实际上，广告位如果能够得到充分利用，也会给微电商的营销带来很大帮助。

顾名思义，广告位其实就是用来打广告的位置，如果能够做出出彩的广告，便能获得一笔“免费的财富”。为什么说是免费的财富呢？我们来看看淘宝首页广告的费用是多少就知道答案了。

据网店作图人员介绍，在淘宝做一个首页广告的费用是这样的：旗舰店的费用是 1500 元；个人店铺装修费用是 800 元；详情页套版的费用是 80

元；重新设计模板的费用是150元。由此可见，淘宝首页广告费用并不低。此外，淘宝商家几乎都会花钱做首页广告，这足以证明首页广告的重要性。

设置广告位其实和个人微信的设置方法一样，只要选择一张适合的产品图片插入即可，操作非常简单。

那么如何才能利用好广告位呢？有哪些细节需要注意呢？

（1）广告位的图片一定要贴近产品，而且要色泽艳丽，版式美观大方。切忌随意找一张图片就随便上传。

人本来就是一种视觉动物，人的视觉通常比听觉、嗅觉更加灵敏。试想一下，如果你去饭店点菜，是不是先要看看菜单上菜品的图片？如果有一道菜色泽艳丽，看上去就让人有食欲，你肯定会果断地选择这道菜。同样的道理，微电商首页广告也是如此。

（2）要有精准的产品说明。有了广告图片还不够，还要有产品说明，这样才能起到画龙点睛的作用。顾客在看完图片之后往往会不太明白广告的主旨，如果配有精准、简洁的产品说明，顾客就会对你销售的产品心中有数。

（3）广告的设置要应景。这里说的应景，实际上是指按照场景更换广告图片或产品说明。举个简单的例子，假如圣诞节快到了，为了增添节日气氛，可以将圣诞节元素添加到广告中，这样就更加迎合了节日的欢快气氛。

（4）要注意利用广告的延展性。所谓广告的延展性，是指将广告通过朋友圈进行扩展。简单来说，就是想办法利用朋友圈的优势，号召顾客在自己的广告位放置你的广告内容。如果你有1000个微信顾客，就有1000个向外拓展的广告位了。如此一传十，十传百，百传千，你和你的品牌必然会获得广泛的关注。

4. 广告语

在品牌名、Logo、广告位都准备就绪后，最后关键的一步就是拟一个出彩的广告语。掷地有声的个性广告语可以让顾客第一时间记住你和你的品牌，也可以很好地体现品牌的内涵和文化。广告语也具有十分重要的潜在价值。很多时候，商家往往是在广告语中表达自己的内心感慨或者放一些与品牌不相干的文字，这肯定会影响顾客对你的印象，甚至有时会产生负面影响。因此，要特别注意广告语的内容，尤其要注意以下几点。

（1）广告语要重点体现自己品牌的类型、自己是做什么的。如果已经在品牌名中体现得十分详细了，那就无须在广告语中重复。

（2）要突出品牌的特长或优势。例如，化妆品是所有化妆和护肤产品的统称，如果你销售的产品主要是美白产品，那么你就要在广告语中将“美白”这两个字体现出来；如果你销售的产品是某个特定的品牌，就要将该品牌的名称体现出来，比如“韩束化妆品代理”。

（3）要养成将文字与数字相结合的习惯。比如，在某些特别情况下顾客可能需要以电话联系你，就可以把自己的联系电话放到广告语的位置，以便顾客及时联络；还可以将一些销量数字、年限数字放上去，以突出产品十分走俏，或者商品是老牌子，如“庆祝本店 ×× 产品销量突破 50 000 件”“×× 产品历经 100 年风雨”等。

强互动，才有强关系

做微电商，其实就是做社交网络。社交网络即人与人之间的关系，那么如何才能建立起更广的社交网络呢？答案就是互动。只有强互动，才有强关系，才能实现强力的微电商营销。

商家与顾客进行互动，能够增进顾客对商家的信任。顾客的信任度越高，成交量也就更容易提升。试想，你在购买东西的时候会选择并不了解的陌生商家，还是会选择比较熟悉的商家呢？答案是显而易见的。从心理学的角度讲，我们对熟人表现出的信任往往比对陌生人所表现出的信任高出很多。因此，互动的目的就是使商家和顾客相互熟悉、增进感情，并在此基础上建立相互之间的信任，进而提升交易量。

那么，做微电商想要实现强互动有哪些方式呢？

实现互动的方式有两种，一种是线上互动，另一种是线下互动。

1. 线上互动

（1）寻找解决顾客最为关心的问题的答案。商家应当经常站在顾客的角度，多收集一些他们关注的问题，然后寻找解决方案。寻找的方式可以是让微信好友或者顾客在朋友圈用转发的方式让更多的顾客看到这些问题，并且广泛征求他们的意见和建议，以此实现互动。在寻求解决办法的同时，顾客也能产生一种强烈的参与感，会因为商家站在自己的角度为自己的利益考虑，他们由此真正体验到了“顾客就是上帝”的感觉。这样做不但增进了商家与顾客之间的感情，也提升了顾客的满意度，提升了顾客的复购率，可谓一举多得。

（2）转发顾客对商家的评价。如果有大量的顾客评价，说明顾客是发自内心地对商家的成长表示关注与重视。对于一些好的评价，商家要在客服群进行转发，鼓励客服，只有客服状态好才能吸引更多的人前来购买产品。对于一些顾客表示不满的评价，商家更要在客服群中大力转发，督促客服积极改正，提升服务质量，以更好的服务质量和产品质量来回报顾客。

（3）面向顾客进行需求调查。如今人们的生活水平不断提高，人们对生活的追求已经从原来的生活质量层面上升到了生活品质层面，对于生活用品也提出了更高层次的要求。为了满足广大顾客的需求，商家要定期向顾客进行需求调查。通过需求调查才能发现近期市面上销售量最高、顾客最需要的产品是什么，从而根据市场的实时变化来提升产品质量、拓展产品种类，避免因信息闭塞而导致产品落后甚至被淘汰。商家要认识到，顾客是最好信息源，从顾客那里可以获得更多、更新的市场信息，一定要把握这些机会。

2015 年中秋节将至，做糕点微电商的王强突发奇想，向朋友圈的顾客做了一次“中秋节需求调查”。在外打工一族常因距离太远无法回家和父母一起过中秋节，而是买些月饼礼盒寄回家，但是家里的父母都上年纪了，月饼吃多了不易消化，寄回去的月饼还没有吃完就已经放坏而丢掉了。一方面月饼不适合老年人大量食用，另一方面又造成了浪费。王强做这次需求调查的目的是希望借此发现更多、更新奇的能够替代中秋月饼的产品。他向广大顾客征求意见：什么产品既能体现自己对父母的孝心，又不容易造成浪费？他承诺本次活动为“悬赏调查”，最受好评的产品方案将获得糕点奖赏。

王强的这次调查在短短的三天时间里就吸引了超过了600位微信用户和顾客的响应，并收到了大量十分有价值的答案。活动的第四天，王强把这些截图加上10个大家推荐指数最高的产品发到了朋友圈，让大家投票选出前三名。入围三甲的用户可以获得精美糕点礼盒一份。

王强的这次需求调查成功地吸引了众多顾客，朋友圈的日点击量猛增，不但“激活”了微信好友，也维护了自己与顾客之间的关系，更重要的是提升了自己和店铺的知名度，吸引了更多的人前来购买糕点，店铺的营业额也有了增长。

（4）对顾客的评论给予及时响应。顾客对商家进行了评论，商家应及时进行响应，这既是对顾客的一种尊重，也是对自己的一种负责，同时也能提升顾客对商家的好感。

（5）向顾客征集使用心得。在这个“客户体验至上”的时代，客户使用产品后的心得对于微电商未来的发展方向具有指向作用。真正满足顾客需求的产品才是真的好产品。向顾客征集使用心得，就是检测顾客对产品满意度的最好方式。“使用心得征集”不但可以帮助商家了解顾客对产品的满意度，还可以进一步增进商家与顾客之间的感情。

2. 线下互动

（1）邀请顾客参加活动。朋友之间走动得越频繁就越亲近，做微电商也一样，也需要举办各种活动，邀请顾客前来参加。这样商家就可以面对面地与顾客交流感情，让大家更加熟悉，关系更加密切。这也是将顾客变为“铁粉”的关键环节。

①同城活动。由于大家都在同一个城市，因此组织起来比较容易，在时间、空间上的阻碍比较小。商家通过组织同城活动，如聚餐、晚会等，向每位参与者提供精美礼品，可以让商家与顾客进行零距离的情感交流，也有助于从顾客那里挖掘最新的市场信息，实现信息资源共享。

②异地活动。异地活动举办起来有一定的难度，会在时间和空间上受到一定的阻碍。商家可以组织粉丝见面会，或者组织野外郊游、旅游等活动来吸引更多人参与。通过活动让大家彼此相识、相知，互相分享自己的快乐，使彼此之间的关系从原来的买卖关系进一步升级为成为真正的朋友关系，他们就可能转变成为今后营销工作的主力军。

（2）线下开辟实体店。有条件的微电商可以在线下开设实体店，顾客可以先在实体店进行产品体验，如果感觉十分满意，再到微电商的店铺中下单。与此同时，体验店中的服务人员为顾客提供的优质服务也可以感化顾客，通过体验店内的互动，让顾客从理性消费转变为感性消费。

线上线下联合互动的典范当属星巴克。星巴克采用微信一对一推送的营销方式，让品牌与粉丝有了更多的互动机会，从而增加了客户黏性。当用户添加“星巴克”为好友后，用微信表情来表达自己的心情，星巴克就会根据用户发送的心情，用《自然醒》专辑中的一首歌曲来回应用户。星巴克用这样的方式实现了与用户的互动，让用户在互动中既获得了乐趣又获得了实惠，也加强了商家与用户之间的感情，加强了双方之间的联系，进而提升了自己在广大用户心目中的形象，使营业销售额得到提升。

第二部分 营销篇

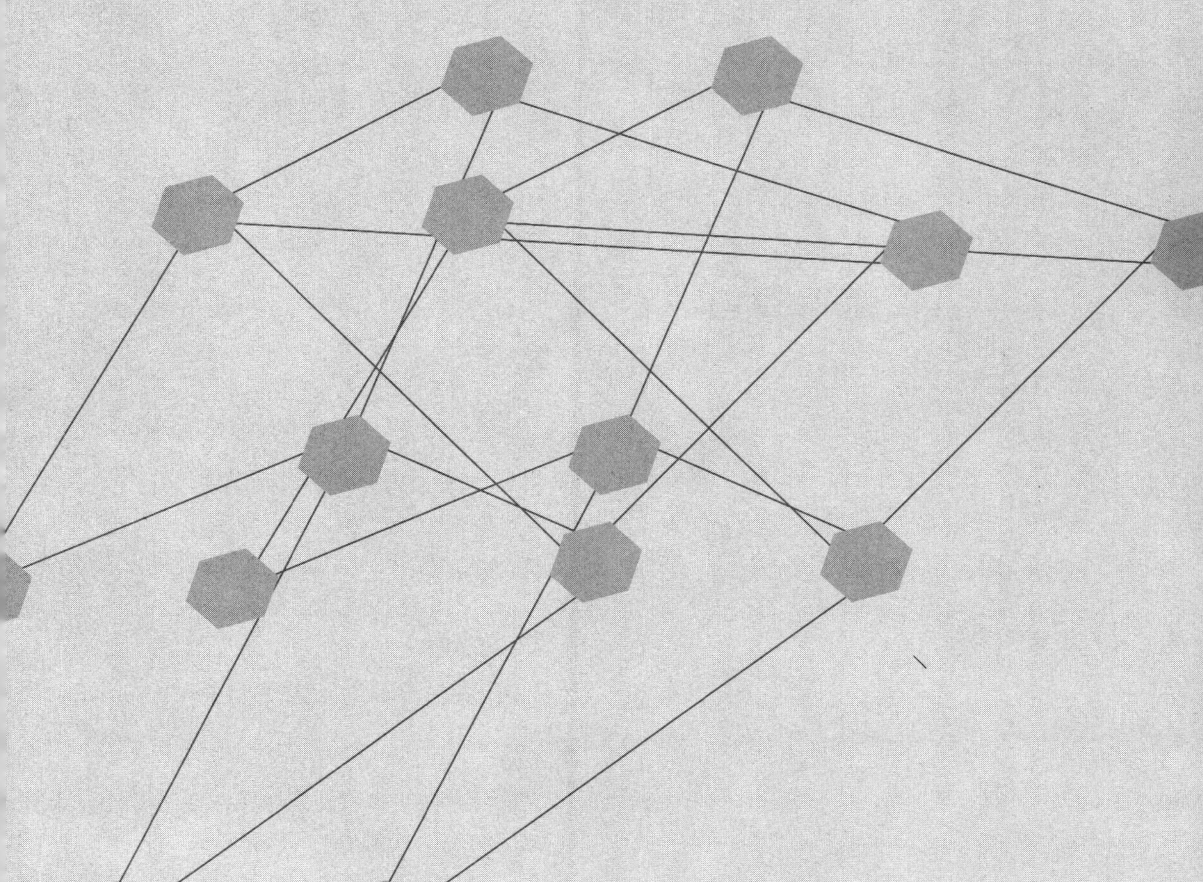

第三章 从关注到信赖，不断提升用户转化率

本章重点导读：

☆ 建立商家与买家之间的信赖感对微电商营销来说十分重要，没有信赖就不会有长久的买卖，也就无法提升营业额。

☆ 晒朋友圈需要技巧，要考虑到四大要素，这样才更能获得更多的信任，提高成交率。

☆ 做微电商，最需要的就是建立信任，以真诚的态度帮助顾客是取得对方信任有效的方法，也是商家获得长远利益的根本途径。

☆ 作为专业的销售顾问，只有秉承耐心、热忱的态度对待顾客，认真地为顾客提供商品的详尽信息，深入细微地观察分析顾客的谈吐，准确掌握顾客的购买需求，正确引导顾客的购物选择，为顾客提供满意的贴心服务，才能给顾客留下良好的印象。好印象就是好的开端，双方才能建立起良好的信任关系，进而为日后销售业绩的突飞猛进打下坚实的基础。

☆ “做一行爱一行，爱一行懂一行”。做微电商，不但要学会如何经营，还要在自己所从事的领域中不断提升各方面的能力，使自己成为所在领域的行家，这样才更能拉近自己与顾客之间的距离，彼此之间建立信任。

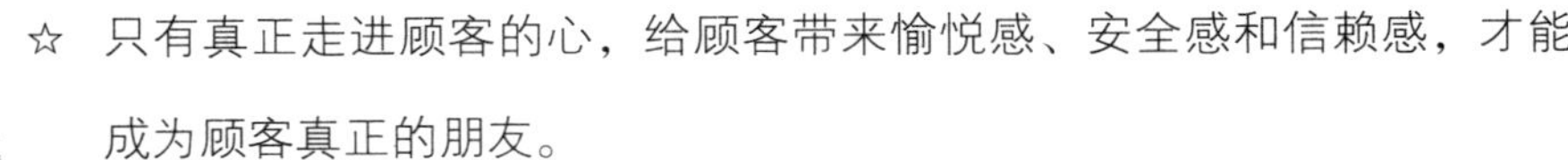

☆ 只有真正走进顾客的心，给顾客带来愉悦感、安全感和信赖感，才能成为顾客真正的朋友。

没有信赖就没有长久的买卖

很多人在做微电商的时候，认为只要把店铺打理好，把产品归置好，把好质量关，就可以坐等顾客进来消费并提高营业额了。其实，这种想法和做法都是错误的。仅仅凭借产品，既无法赢得顾客的信赖，也不能拴住顾客的心，甚至连潜在顾客也会成为他人的“盘中餐”。微电商要通过与顾客进行日常交流建立起信任关系，只有这样才能使买卖做得长久。

那么，如何才能赢得顾客的信赖、拴住顾客的心，使其成为老顾客，使买卖做得更加长久呢？

1. 要以真实的自我面对顾客

很多做微电商的人通常不使用自己的真实姓名作为微信名，而是使用其他名字来隐藏自己的身份，显示的所在地为缅甸、迪拜、阿曼等，微信头像也换成了风景、动物、汽车等图片。这样别人看了会没有任何安全感。带着这样的不安，他们还会去光顾你的店铺吗？答案当然是否定的。因此，我们应该将自己最真实的一面展现给顾客，这样顾客才会对你产生信任感。

2. 产品质量必须有保证

产品拥有过硬的质量非常重要。想要做好微电商，把店铺做得更长久，

产品质量必须有保证。只有产品质量有保证，客户才会对你和你的产品产生信任感，才会持续购买你的产品。

3. 要学会培养与顾客之间的长期感情

很多人做微电商只是为了盈利，并没有投入自己的真心、真情，有的微电商甚至对顾客提出的疑问置之不理，这种做法极不可取。如今，客户购买的不仅仅是产品，还有服务和态度。试想，如果 A 店铺和 B 店铺所卖的同种商品质量、价格都相同，但 A 店铺的服务质量很差，而 B 店铺服务很热情，能够站在顾客的角度真正地为顾客考虑，那么你会选择去哪个店铺购买商品呢？答案显然是 B 店铺。

热情的服务是建立商家与客户之间情感的桥梁。其实，人都是情感动物，如果能够从内心打动一个人，那么这个人就会对你产生信任感。做微电商也是同样的道理，如果商家能够真诚、热情地服务客户，那么客户必然会对你产生信赖，进而更愿意选择在你的店铺里消费。

4. 有效利用媒体的宣传力量

媒体的宣传力量非常强大。通常情况下，利用权威媒体宣传一次要比自己埋头宣传更加有效。因此，如果有权威媒体前来采访、报道，那么顾客对于商家的信赖感将大大提升。这样一来，以后只要有人说起该商家的产品，就会把之前的媒体宣传联系在一起。更多的人也愿意相信：媒体都对该商家及其产品进行了宣传，那么该商家的人品和产品一定非常不错、值得信赖。这样一来，商家的知名度就极大地提高了，顾客对商家的信赖感也提升了，买卖自然能够做得长久。

2015 年 8 月 2 日，微电商品牌“皙媛”的创始人梁丹接受了中央电视台大型励志商务脱口秀《奋斗》栏目组的采访，梁丹生动地讲述了皙媛品牌的创立过程和自己的创业历程，介绍了皙媛品牌十年专注皮肤健康研究，以天然有机本草活肤的健康护肤理念，为千万女性缔造了美容养颜的奇迹。目前，该品牌已经获得产品生产质量管理规范 GMP 认证。皙媛品牌由著名主持人李湘代言，目前该产品已经成为国内护肤品中极具影响力的标杆品牌。本次采访在国内诸多电视台上播出，如中央电视台证券资讯频道等。该节目播出以后，皙媛品牌的产品得到了广大爱美人士更深的认可。大家认为，皙媛品牌能够受到中央电视台的采访，并能在众多电视台播出，说明该品牌实力不凡。皙媛因此获得了广大消费者的信赖，销售额迅速提升。

5. 要寻找明星见证的机会

明星见证所能产生的效应无比强大。做微电商，要多寻找明星见证的机会，这也是建立品牌口碑的最佳时机。顾客看到诸多明星与某品牌产品的合影、签名等，必然会对该产品产生信赖感。这种见证方式实际上比商家自己做宣传更加有效。

朋友圈发信息要重视四大要素

一般情况下，人们在朋友圈里喜欢晒自己吃喝玩乐的照片。对微电商而言，发朋友圈也是晒产品的好方式。晒产品可以让更多的人知道你是做什么的，也可以让更多的人了解你的产品，吸引更多人的关注你。当然，最重要的是通过晒产品获得顾客的信任，从而促进成交。

那么，如何才能在朋友圈里晒好你和你的产品呢？这就要求微电商必须重视四大要素。

1. 晒什么

很多时候，一些做微电商的商家并没有很好地利用朋友圈的功能，而是经常发一些心灵鸡汤或者发一些牢骚来表达内心的不满，这些内容会给顾客带来消极的影响，不会对自己的事业有所帮助。很多商家常不知道该在朋友圈里晒什么，这成了一个需要解决的问题。

（1）**晒生活**。只有活生生的东西才能引起人们的关注，进而才会让他人产生信任感。商家切忌晒一些不着边际的东西。微信与微博不同的是，微信所联系的群体一般都是被“内定”为最受信任的群体，因此在朋友圈里就是要晒出自己和产品最真实的一面，这样可以让顾客真正地了解你和你的产品，也可以增进双方之间的感情，进而产生信任感。

（2）**晒实力**。要想让顾客了解你的产品有多受青睐、销量有多惊人，就要求商家在朋友圈里晒出自己品牌的实力。数据是最有发言权的，空谈自己的产品有多好，不如在朋友圈里晒一晒产品销量的截图，那样更有说服力，更容易让人信服。

（3）**晒圈子**。这可以让顾客更加了解你的生活圈子，更能清楚地看到你的产品在圈子中的人气。这也是提高顾客对你的产品信任感的有效方法。

（4）**晒心得**。晒出顾客对你的产品的使用心得、买家秀或者满意的评价等（见图 3-1），可以使哪些进入店铺浏览商品的潜在顾客更加相信你的产品的真实与可靠性，诸多买家秀正是产品值得信赖的最好凭证。

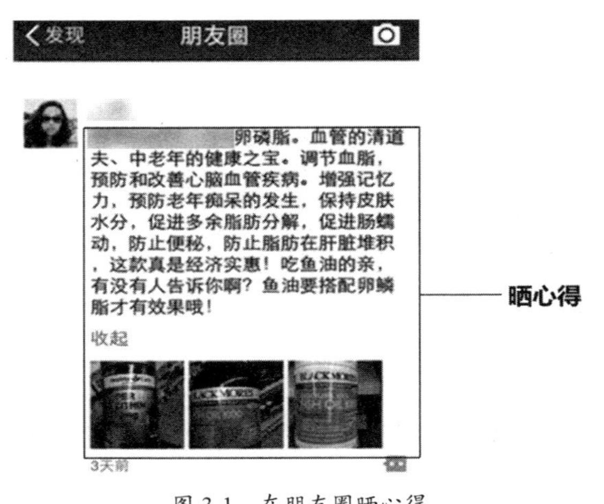

图 3-1　在朋友圈晒心得

2. **怎么晒**

在了解应该在朋友圈里晒什么之后，接下来还要知道应该怎样晒。

（1）**角色转换**。所谓角色转换，就是无论是在朋友圈里晒什么，都要站在顾客的立场和角度，晒出客观、真实的东西（见图 3-2）。站在顾客的角度考虑问题是赢得顾客信任的关键。如果一切都围绕顾客的利益，让顾客感觉购买你的产品的确是物有所值，甚至是物超所值，那么顾客对你的信任自然也就形成了。

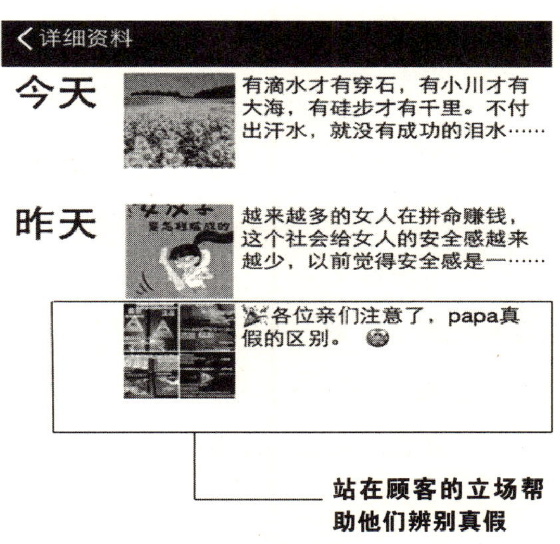

图 3-2　站在顾客的立场“晒”

（2）**图文并茂**。在朋友圈里只晒图片是不行的，还要有相应的文字说明和介绍，通过图文并茂的方式才能让顾客更加了解你的产品。但是要注意以下五点。

①主题突出。主题一定要突出、简洁，让别人一看就能明白你要表达的意思。

②文字、图片要相辅相成。文字说明要与图片内容相对应。

③字数相当。字数要有相应的控制，切忌长篇大论，因为很少有人愿意花大量的时间去阅读。通常情况下，字数应控制在 150 字以内。

④内容精简。文字的内容要简洁明了，尽量使用短句，避免使用长句。另外，尽量少用形容词，多用能够体现真实性的数据来解释、说明，这样更有说服力，更容易让人接受。

⑤符合审美。图片不能随意发，图片数量要尽量选择 1、4、6、9 张，

这样，图片在发出后更加符合人们的审美要求，能够在整体上给人一种整齐舒适的感觉。

3. 什么时候晒

很多时候，一些微电商商家容易忽略在朋友圈里晒产品的时机，总是随性随心地晒，有时候 5 分钟内就晒出了五六条信息，这样容易让人产生厌倦感；有时候商家没时间或者忘记了，好几天才晒出一条信息，这样长时间地不出来“露脸”就很容易被人遗忘。因此，晒朋友圈也要选对时间。

一般情况下，晒朋友圈的最佳时间有四个。

（1）**早上** 7:00~9:00。这个时间段是人们在上班路上的时间。很多人上班坐公交车的时候都会拿出手机关注朋友圈的动态，以此打发时间，因此，这个时间段是抓住人眼球的最佳时间段。

（2）**中午** 12:30~13:00。这个时间段是人们刚吃过午饭后的午休时间，人们往往会关注微信朋友圈动态。这时候可以选择发一条产品信息来引起人们对产品的关注。

（3）**下午** 17:00~19:00。在这个时间段内，忙碌了一整天的人们正搭载回家的公交车，往往会拿出手机来放松一下。这时候应在朋友圈里发布一些与产品有关的趣味性图文。

（4）**晚上** 20:00~22:00。这个时段大多数人都已收拾完毕，进入休闲时间，这时可以在朋友圈里发布一些与产品有关的知识、窍门、顾客使用心得等，让人们更加了解产品。

4. 晒后应该做什么

有些微电商家认为，晒完朋友圈就算完事了，就可以耐心坐等客户上门了。其实，这种想法是错误的。当你在朋友圈晒完之后，必然会有人前来关注，有的点了“赞”，有的进行了评论。这时候，你要做的就是对点赞和评论过的人一一回复。通过这样的方式可以增进彼此之间的感情，增加彼此之间的信任。

由此可见，发朋友圈也需要技巧，要围绕着四大要素来进行，这样才能会获得顾客更多的信任。

以真诚的态度帮助顾客

做微电商缺的不是粉丝，而是商家与顾客间的一种信任。因此，微电商实际上做的是社交网络，培养的是信任。如果粉丝对你缺乏信任，无论你做什么、做得有多好，都是徒劳、无济于事的，都不会使粉丝转变为顾客，不会使你店铺的成交量有根本性的提升。而提升粉丝信任感的方法之一就是以真诚的态度帮助顾客。

俗话说“顾客就是上帝”，你必须以真诚的态度来对待你的顾客，并且给予顾客最大限度的帮助，做微电商更是如此。只有这样才能提高顾客对你的信任，顺利促成交易。

那么，怎样以真诚的态度帮助顾客呢？

1. 对顾客提出的所有问题都要真诚、耐心地一一解答

做微电商的过程中必然会遇到各种各样的顾客，顾客提出的问题也是五花八门。但是，无论顾客提出什么样问题，商家都要以真诚的态度对待每一位顾客，认真、耐心地解答每一位顾客的疑问。这样一来，通过真诚的心加上魅力服务，必然会消除顾客的各种疑问，进而增加其对商家的信任。

有的顾客在购买商品前，会把不同店铺中的同种商品进行对比，待综合考虑之后才会确定在哪家店铺购买。顾客在进行产品对比时，会向商家提出各种各样的问题，如商品尺码如何、自己的身材适合哪个尺码、这种款式是否适合自己、是用什么材质做成的、洗完会不会缩水或褪色、是否可以退换货、是从哪里发货的、用什么包装等。通常商品精准的尺码表、制作材质、是否缩水褪色、发货地址都已经体现在商品首页的内容上，顾客只要细心看都能看到，于是有的商家在面对顾客这样的提问时，往往会表现出不耐烦的态度，有的甚至直接回复说："首页上都有，自己看。"或者直接不予回复。

用这样的态度对待顾客，虽然是省时省事，但给顾客留下的却是"冷冰冰""爱答不理""态度极差"的印象。因此使得一些顾客以后再也不会光顾该店，甚至不再关注该店，有的顾客还会在朋友圈里吐槽该店的种种不良态度。最后利益受到损失的还是商家自己。

2. 用真诚的心为顾客做力所能及的事情

人心都是肉长的，没有哪个人生来就是铁石心肠。即便是这个人外表

冷漠，但也有其热情的一面，关键在于我们如何感化他。微电商商家只要用一颗真诚的心对待顾客、为顾客做力所能及的事情，再冷漠的顾客也会被人打动。

如果商家能够为顾客着想，为顾客做实事，那么顾客必将会被你的真诚所打动，进而对你和你的产品产生信任。

每逢节假日，总是会有很多顾客来购买产品，希望当作礼物送给家人或朋友。比如，每年七夕、情人节的时候，很多情侣会给自己的爱人送上节日礼物，有的人想买戒指送给自己的爱人，但又想通过戒指向爱人表达自己的爱意，在看好喜欢的戒指后，就会向商家寻求一些帮助，希望让自己送的戒指更加有意义。商家会提供各种方法帮助顾客达成心愿。有的在戒指上刻字、刻心形图案；有的则附上一张写满了祝福的贺卡，同装在精美礼盒中的戒指一并寄到顾客手中。顾客体验到这样贴心的服务，看到如此真诚地帮助自己的商家，大多会对商家产生感激。与此同时，通过商家的真诚帮助，也建立起了双方的信任关系。今后如果有其他需要，这家店铺必然会成为顾客的首选。

3. 以真诚的态度为顾客解决售后问题

很多商家认为产品销售出去了就是创收了，但这是一种目光短浅的表现。殊不知售后服务也很重要，关乎店铺长期的经济利益问题。实际上，售后服务也是一种促销手段。通过良好的售后服务可以提高微电商的信誉，扩大产品的市场占有率，进而提高产品的销售量。从客观来看，售后服务其实是产品品牌经济的产物。越是名牌、大牌产品，其售后服务质量越好。

这是因为它们将目光放得更加长远，更加明白售后服务的真正意义。因此，也要求微电商商家用积极、真诚的态度为顾客提供优质的售后服务，解决顾客的售后问题。

以淘宝、天猫为例。以前，淘宝、天猫对售后服务管理不善，这严重影响了消费者的满意度，也影响了商家的销售业绩。随着市场的不断规范，以及商家售后服务意识的逐渐提高，商家在销售产品的同时，也向消费者提供了更多的售后服务保障，如商品保修、质量问题包退包换、7 天无理由退换等，这样就使顾客消除了疑虑，更易下定决心购买商品。当收到商品有不满意的地方，顾客可以及时找客服反映，商家也对顾客提出的合理要求无条件接受，并为他们办理退换货。顾客经过这样的购买体验，感受到了商家真诚的服务，也解决了自己的售后问题，顾客便会对商家产生信任感。商家真诚的售后服务也为顾客下次回购打下了良好的基础。

4. 用真诚的态度使顾客获得情感上的满足

实际上，做微电商很大程度上打的就是情感牌，通过抓住情感这个切入点来进行微电商营销，以达到盈利的目的。要想在情感牌上取得效果，让顾客得到情感上的满足，就要杜绝欺骗，并且需要商家拿出自己真诚的态度对待顾客。

很多时候，人们购买某个商品，并不是因为自己真的有需要，而是跟风，是一种“大家都在用，我也要用”的想法。如果自己也能拥有大家都拥有的商品，也会感觉很有面子。如果商家能够及时、精准地抓住顾客的这一心理，再用真诚的态度对待顾客，使其获得情感上的满足，那么做微电商已经成功了一半。例如，以现在热门的众筹来说，微信众筹已经成为一种“时尚”，很多年轻人开始参与微信众筹，众筹发起者（商家）也会以一定的方式回报投资人（顾客），一旦众筹成功，众筹发起者就会履行自己的承诺，用真诚的态度和实际行动回报投资人。这样，作为投资人，顾客既享受到了参与这次活动所带来的乐趣，又感受到了发起者的真诚，还获得了相应的回报，在情感和物质上获得了双丰收，也使得顾客对于发起者的信任感有了很大的提升，更期待下次的合作。作为发起者，商家不仅获得了眼前的利益，还吸引了更多人的下次参与。

充当顾客的专业顾问

商家一般认为，做销售只要把商品卖出去即可，至于其他的都无所谓。但是这种想法是最不可取的。要知道，能够把商品销售出去自然是好事，但前提是要让顾客消除心中的购买疑虑，这就要求商家在进行销售时，要充当顾客的专业顾问，引导顾客做出正确的选择。

通常，销售人员可以分为接单型销售人员，主要负责接收客户订单；客户关系型销售人员，主要负责售前、售后服务，建立良好的买家与卖家之间的关系，维护店铺的良好声誉；技术型销售人员，主要负责解决商品售后出现的质量问题。当然，客户关系型销售人员还应负责充当客户专业顾问的工作。因此，微电商商家要重点提高客户关系型销售人员的专业顾问能力。

作为顾客的专业顾问，应当具备相应的分析顾客购买行为的能力，包括：识别不同类型的顾客、了解顾客的购买喜好、分析顾客的购买动机、引导顾客做出正确的购买选择。作为一名合格的专业顾问，应当在微电商营销中扮演好“顾问”这一角色，从而达到提升销售业绩的目的。因此，能否做好销售顾问是销售业绩能否不断提升的关键。

作为一名合格的微电商销售顾问，要做到以下四点。

1. 通过细微观察，判断顾客风格类型

作为专业的顾问，要能通过与顾客聊天的内容来判断客户的类型，这样有助于销售人员做出进一步判断，判断自己应该使用什么销售方式更加适合该类型的顾客。一般来说，顾客类型大致有以下四种。

（1）**自高自大型**。这类客户往往对任何事都持着不懈的态度，对什么都不放在眼里，通常虚荣心重，爱面子，即便是自己不懂的也会装出一副什么都懂的样子。对待这类顾客，商家可以在对话中引导其多了解商品，即便其最后购买欲不是很强烈，也可能因为咨询时间较长不好意思拒绝而买下商品。

（2）**少言内向型**。这类顾客不爱跟人交谈，往往会跟陌生人保持一定的距离，不喜欢向别人说出自己的想法，但是心中却有自己的打算。对于这类顾客，商家在做其销售顾问时，需要具有更加敏锐的判断力和洞察力，能够从与顾客极少的谈话中获得有效信息，要能够明白他们想要的是什么、希望得到什么样的结果等，并且要从利弊两方面为其进行深入、明确地分析，让顾客根据利弊结果做出选择。

（3）**犹豫不决型**。这类顾客往往在选择产品的过程中拿不定主意，害

怕一旦选择之后选错了而后悔，但是这类顾客在选择时极易受到外界的影响。面对这类顾客，销售顾问要抓住其容易受到外界影响的这一特点，坚定地推荐适合他的商品，这样他就会从疑问一步步转向坚定，最终促成交易。

（4）**果断坚决型**。这类顾客在对商品的选择方面有独立自主的选择方式，只要看中了自己喜欢的商品，就会坚决地将其买下。因此，对于这类顾客，销售顾问要做的就是按照其描述为其提供相应的商品即可。

2. 通过简单聊天，了解顾客购物喜好

不同的顾客对商品具有不同的喜好。比如，一条裙子，有的人喜欢长款，认为长款更加有文艺范；有的人喜欢短款，认为短款能显得人更加高挑、有活力；有的人喜欢白色，认为白色显得更加干净整洁；有的人喜欢粉色，认为粉色能让人显得更加年轻。这就要求销售顾问要根据顾客的喜好为其推荐相应的商品。

3. 通过聊天，分析顾客购买动机

在购物时，每位顾客都是带着购买动机才产生购物行为的。但是购买动机往往带有顾客的主观情感在里面，如打算买什么商品、想要送给谁、想通过商品表达什么样的心情。因此，要想了解客户的购买动机，就要求销售顾问通过真诚的态度使顾客放下戒备心，从心里接纳销售顾问，并愿意与销售顾问聊天。这样有助于销售顾问更加透彻地了解顾客的购买动机。如果遇到少言内向型顾客，销售顾问就要从侧面进行询问，进而分析、判

断顾客真正的购买动机。

在遇到少言内向型顾客时，他们往往不能敞开心扉跟销售顾问聊天。这时候，销售顾问就要采取旁敲侧击的方式进行询问。比如，一位顾客进店想买一个杯子，销售顾问为了消除顾客的抵触心理，没有直接询问顾客要买来送给谁，而是问顾客是否需要在杯子上刻字，如果顾客说需要刻什么内容，那么销售顾问就可以从刻字的内容中判断顾客送杯子的对象。如果顾客想刻“LOVE”字样，说明顾客可能是要将杯子送给自己的爱人、女友，这时销售顾问可以为顾客推荐一些更加富有浪漫气息的杯子；如果顾客想刻“辛苦了”字样，说明顾客可能是要将杯子送给自己的长辈或者老师，这时销售顾问就可以为客户推荐一些更加符合长辈或教师身份的杯子。

4. 通过对比分析，引导顾客做出选择

要想做到这一点，要求销售顾问不仅要对顾客的心理有更加深入、透彻地分析，还要对自己的商品特点了如指掌。要根据顾客类型、购买喜好等帮助其对商品进行对比分析，从而将传统的“将商品卖给顾客”转化为“为顾客寻找商品”，进而引导顾客做出正确的购买选择。

此外，作为一名合格的销售顾问，还应注意以下三点。

（1）**态度要热情**。如果有顾客进店咨询，销售顾问必须在一分钟之内与顾客热情地打招呼。有时候进店咨询的客户比较多，为了做到尽快响应客户，目前大多数商家采用的办法是设定自动回复，第一时间进行自动回复。这样就避免了因为客户长时间等待回复无果便离开店铺的情况出现，减少了客户的流失。

（2）**讲解要耐心**。顾客进店咨询会提出各种各样的问题，销售顾问即便是再忙也要认真、细致、耐心地给顾客解答，切勿表现得急躁。

（3）**表述要清楚**。销售顾问在为顾客讲解时，要尽量表述清楚，切勿模棱两可、含糊不清，否则很有可能给顾客造成误解。

作为一名销售顾问，只有秉承耐心、热忱的态度对待顾客，尽可能地为顾客提供商品的详尽信息，深入细微地观察、分析顾客的谈吐，准确地掌握顾客的购买需求，正确地引导顾客购物，为顾客提供满意的贴心服务，才能让顾客对店铺留下良好的印象。好印象就是好的开端，能够帮助买卖双方建立起良好的信任关系，进而为日后的进一步营销打下坚实的基础。

成为所在领域的行家

俗话说：“做一行爱一行，爱一行懂一行。”微电商的商家不但要学会如何经营，还要在所在的领域不断提升自己各方面的能力，使自己成为所在领域的行家，这样才更能拉近自己与顾客之间的距离，进而提升相互之间的信任。

那么，微电商如何才能快速成为自己所在领域的行家呢？

1. 要不断学习与借鉴

俗话说“活到老学到老”，学习是一个一直伴随人生的过程。只有经过不断学习进取，不断从前人那里借鉴，积累更多的经验，才能在自己的领域发展得游刃有余。

做微电商也是如此，如果没有过硬的行业知识和技能，是无法在行业竞争如此激烈的时代站稳脚跟的。只有不断地掌握更多相关的行业知识，并且借鉴他人成功与失败的经验，才能够发现自己的欠缺，才能发现自己对行业认识、理解得不的透彻之处。因此，要想经营好微电商，没有真才实学，没有行业技能是无法真正做到有问必答、有惑必解的，也无法让顾客信服。

举例说明，你作为顾客到别人的店里消费，你看到了一款心仪的裙子，非常喜欢它的款式，但是你不知道衣服的材质洗后会不会缩水。这时你去咨询商家，可是商家却对于衣服的材质一窍不通，半天说不出所以然来，甚至对你的问题采取搪塞的态度。面对这样的商家，你还会选择购买他家的裙子吗？答案可想而知。

无论在何时我们都要抓住各种能够拓宽自己眼界的机会学习和借鉴，这是作为一个微电商起码应该做到的，也是商家在微电商领域成为行家的最基本的要求。

2. 要提升自身的综合素质

提升自身综合素质是当下微电商现状的必然要求。2015 年 5 月 4 日，国家下发了《关于大力发展电子商务加快培育经济新动力的意见》，随后，在 5 月 6 日又出台了《无店铺零售业经营管理办法（试行）（征求意见稿）》，国家对微电商创业给予了很大的鼓励，并且正式将微电商管理纳入国家管理政策之中，这表明国家对微电商创业的极大重视。而微电商行业经营具有门槛低、投入小、范围广、易操作等优势，因此成为广大创业者的首选方式，越来越多的人开始进入微电商领域。当下，移动互联网已经成为热门领域，给广大消费者提供了更加便利的消费方式，而微电商则在熟人网络的基础上使得买家和卖家之间更具有信任度，由此也改变了更多买家的消费理念，带动了更多人在微电商的消费。

2015 年 8 月 25 日，央视财经频道首次对微电商进行了报道，对于微电商的发展给予了肯定，并且呼吁更多的创业者“向专业化、系统化的方向发展，保证货品质量、提升顾客购物体验，做好售后工作，提升顾客满意度”。据统计，截至 2015 年 8 月，国内微电商创业人数已经超过了 2000 多万，并且正以每天 3600 人的速度增长。目前，微电商创业人数的增长速度已经超过了传统电商，成为我国电商领域的主力军。

在这种微电商群雄崛起的情况下，微电商领域的竞争必将更加激烈，这就要求微电商创业者不断提升自己的综合素质，把自己锻炼成为多面手，无论面对什么样的问题都能够应对自如。因此，提升自身综合素质，是商家向行家迈进的必修课。

3. 要强化服务意识

微电商与传统电商相比，出售质量过硬的商品固然重要，但更加重要的是要出售服务。服务是否周到直接关系到微电商的生存能否长远。服务好的商家自然会在客户心中树立起好的形象，有了好的形象必然会获得客户的信赖，进而才会有不断提升销量的机会。强化服务意识是微电商成为所在领域行家的必经之路。

如今，已经有越来越多的微电商商家开始注重服务意识的培养与强化，将自身的服务质量提高到了一个新台阶，也因此受到了越来越多顾客的喜爱，也使更多的人愿意成为其忠实的粉丝来支持微电商的发展。

4. 读懂顾客的心

做微电商关键是要能懂得顾客的心，这对微电商来说既是最重要的也是最难的。能够读懂顾客的心，就能够抓住顾客的痛点、发现顾客的真正需求，才能为顾客提供更能让其满意的产品和服务，才更能赢得顾客的信任。只有真正读懂顾客的心，才能成为真正的行家。

与顾客成为朋友

在销售行业里一直都有这样的说法："要想销售产品，先得销售自己"。细细想来，的确如此。作为商户，除了销售自己的产品和服务以外，更重要的一点就是能够首先把自己推销出去，让客户认可你，并对你产生信任，由此进一步拉近双方之间的距离，最终成为朋友。

做微电商其实就是做社交网络，社交网络广了，微电商做起来自然就会容易很多。但是光有社交关系还远远不够，只有与社交关系中的每一个个体都建立深厚的友谊，才能将最初的客户转化为感情深厚的朋友，并由此带来长久的买卖。

那么，微电商如何才能与客户成为朋友呢？

（1）**热忱**。人与人之间无论建立何种关系，都离不开交流，这既是最

基本也是最重要的一点。在与客户交流时要热忱，比如用“请问您有什么需要”“我能帮上您什么忙”“你看这样是不是好点”等来交流，这样既显示出了对客户的尊重，又让客户感觉商家向对待朋友一般关心、帮助自己，由此客户便愿意与商家亲近。

（2）**真诚**。真诚的力量是十分强大的，用真诚的态度可以与客户之间形成心灵上的共鸣，能够让人产生一种安全感，使交流更加轻松。如果在交流时，商家能够谈吐得体、诚诚恳恳，便会让客户产生一种安全感，继而向商家敞开心扉，轻松地交流。

（3）**信任**。人与人之间相处，关键是要有信任，信任是人与人之间的一座桥梁。曾经有人做过一项调查，接受调查的人中有 98.6% 的人认为可靠与信任是他们选择与某人做朋友和进行交易极其重要的因素。你的产品可以不是最完美、最具特色、最质量上乘的，你的服务可以不是同行业中最周到的，但是你一定要对顾客说到做到，既然答应为客户办到，就一定要在承诺的时间内履行你的诺言，使你的客户从心底里认为你是他值得信赖的朋友。食言是微电商最大的“自杀”方式。一旦食言，信任你的人就会越来越少，进而也对你的产品失去兴趣。

做微电商切忌为了拉拢生意而做出一些超出自己承受范围，或者超出自己能力范围的承诺。一旦你无法实现自己的诺言，就会给客户造成心理上的失落感，会让客户认为你不可靠、没有责任心、不真诚、不值得信任，这样就会给你的信誉带来严重的影响。长久下去，就会使你的客户量逐渐减少，订单量逐渐降低，受到的经济损失越来越大，最终必然走向溃败。

（4）**关注**。做微电商不能孤芳自赏，只关注自己的销量，也要关注客户的动态。通过关注客户的动态，可以更多地了解客户，更好地抓住客户的需求点，进而为客户提供更能满足其需求的产品。客户也会为你如朋友般关心、体贴的行为而感动。这样，商家与客户之间的朋友关系就自然而然地建立起来了。

（5）**分享**。商家通过关注客户，了解了客户的需求，之后需要搜寻一些相关信息分享给客户，这也是商家与客户间建立朋友关系的有效方法。

比如，你最近在朋友圈发现一位客户发出了一条状态："最近痘痘大军不再做潜伏者了，全部浮出水面，真是叫人苦不堪言啊！"商家可以与客户进行互动、评论，询问客户的生活习惯是否改变，或者是否最近情绪有波动，进而分析客户长痘痘的原因：是否因上火导致长痘痘，还是因工作压力或情绪紧张而内分泌失调引起长痘痘。最后对症下药，向客户分享消除痘痘的方案。因上火而长痘痘，可以多吃水果、敷芦荟面膜慢慢调理；因工作压力或情绪紧张而内分泌失调引起长痘痘，就要尽量少熬夜，并且每日增加面部清理次数以达到控油的目的。感觉你像是亲人、朋友般贴心、周到地与其分享除痘经验，客户必然会从心里把你当做自己的朋友。

（6）**惊喜**。商家要多关注客户的信息，如生日等，并做好相应的记录。在顾客生日当天送上你精心准备的生日礼物或贺卡，或者为寿星设立生日专享特惠活动，这样不仅能够给顾客带来惊喜，顾客更也更愿意与你成为朋友。

（7）**学习**。我们不可能在每个行业、每个领域都是万事通，必定会有某些方面知识的欠缺。商家要多向顾客学习，把顾客当成自己的老师，有不懂的地方要虚心向顾客请教，顾客看到你的诚恳求教也会很高兴地与你分享经验。通过愉快的教学过程可以营造一种愉快的氛围，双方之间形成良好的朋友关系也是自然而然的事了。

第四章　做微电商必须掌握的吸引粉丝秘籍

本章重点导读：

☆ 做微电商要学会从QQ导流，这是一项长期且持续的工作，其产生的良好效果也是长期且持续的，这次工作对微电商增加客户和粉丝数量具有十分重要的意义。

☆ 要想做一个会赚钱的微电商，就要抓住机会加入各种圈子，并且要在圈子里打响知名度，真诚对待圈中的每一个人，为自己增加粉丝数量。

☆ 做微电商，一定要学会借力，这样会更轻松地做好微电商营销的前期准备工作，从QQ大号转移粉丝就是一个非常有效的方法。

☆ 做微电商要学会抓住客户的心理进行营销。对客户来说，需要始终坚持的是“眼见为实耳听为虚”。见证就是一种让客户眼见为实的好方法。微电商要学会巧妙地运用见证来让客户介绍客户，以此来提升自己的销售额。

☆ 微电商做活动的目的是为了增进与客户之间的感情，增加客户的活跃度，最重要的是增加销量。因此，做活动的时候，商家不但要思路清晰、有条理，还要将活动做的有新意，关键在于让客户踊跃参与进来。

☆ 游戏和娱乐的过程可以提供与广大微信用户互动的机会，进而让他们认识你、关注你，成为你的粉丝，为你做微电商营销打下良好的基础。

☆ 话题引流法也是一种常用的吸引粉丝的方法，即通过微话题来引起更多人的兴趣，进而增加其关注度与参与度，通过话题互动来吸引参与者成为自己的粉丝。使用话题引流法时，话题要能抓住客户的痛点，要能掌握客户的心理需求。

☆ 微电商要想尽可能多地吸引粉丝，群发信息也是很不错的方法。微信群发不仅支持文字群发，还支持语音、视频群发。利用群发方式将与产品相关的具有创意性、趣味性的内容发给群成员，吸引群成员的关注，这种做法可以收到不错的效果。

学会从 QQ 导流

QQ 与微信堪称腾讯的左膀右臂，并且有着亲近的血缘关系，都是腾讯旗下的产品。不仅如此，两者还有互通性。QQ 为微信提供了很好的平台，我们可以借助 QQ 实现好友导流，进而增加微信好友。

微电商可以充分利用 QQ 与微信之间的这种互通关系来增加自己的好友数量，进而培养其成为自己的客户及粉丝。因此，QQ 是微电商不可小觑、不容忽视的重要工具。

那么，如何才能利用 QQ 号进行导流呢？利用 QQ 号进行导流的渠道主要有以下两种。

1. QQ 群导流

具体操作方法如下。

（1）**充分了解 QQ 群的特点**。QQ 群和微信群是一个道理，群里容纳了上百名群成员，通过 QQ 群进行导流是将其发展成为微电商客户的最好方式。其优点主要有以下三个。

① QQ 群直接点击入群申请，就可以很容易的成为群成员。因此，申请微信群，主动权在群主和愿意拉你进入的人的手中，申请 QQ 群主动权则掌握在你的手中，只要你愿意，便可以容易的成为群成员。

② QQ 群在查找时具有非常精准的特点。

比如，你想加入“和田枣微电商交流群”，首先在 QQ 添加好友功能里添加好友，选择“找群”，输入“和田枣微电商交流群”进行查找，就能精准地搜索到“和田枣微电商交流群”（见图 4-1）。

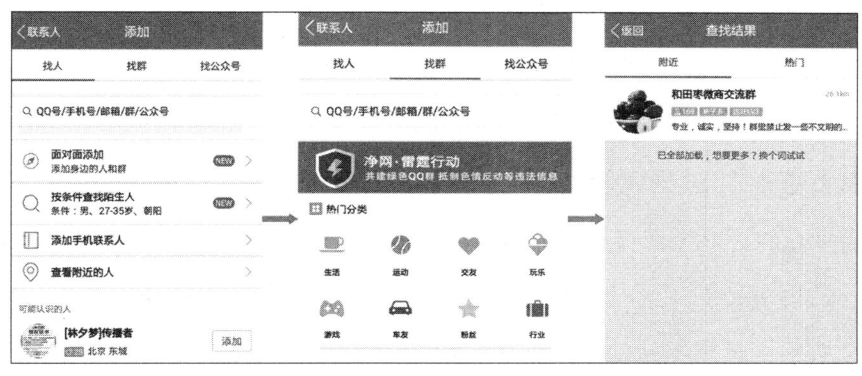

图 4-1　精确查找 QQ 群

③群容量大。微信群的群成员数量一般在100人以内，最大的也超不过500人。如果人数达到了上限，那么你能加入的机会就很小了。QQ群成员数量一般为200~500人，最大的可以达到1000~2000人。通常情况下，群成员人数比较难达到上限，因此你可以随时加入。

（2）**多申请QQ号，并加入别人建立的QQ群**。操作方法很简单：大批申请QQ号，如果申请了10个QQ号，每个QQ号加入100个群，每个群中有200人，那么你将拥有200 000位潜在客户。申请的QQ号越多，加入的群数量越多，那么你拥有的潜在客户数量就越多。

申请加入QQ群时要注意以下两点。

①成员太少的QQ群没必要添加，这种群对传播你的推广信息没有太大意义。

②群内成员不活跃的群尽量不要加，这样的群成员之间交流太少，对群内成员动态的关注也太少，不利于宣传推广信息。

（3）**充分利用QQ群优势，并将群成员转化为自己的QQ好友**。

①定时在群里发送推广信息，让更多的人知道你、关注你。至于定时发送的具体时间，与微信朋友圈的发送时间相似。

②在QQ群里发送推广信息时，要注意维护好与群成员之间的关系，并且发送推广信息的频率要把握好，切勿滚动式发送，这样做容易让人产生厌烦感，并有可能被群主“踢出”。

③加入QQ群之后，接下来要做的就是将每个群里的QQ用户号码全部导出来，然后将他们一一添加为自己的好友。虽然并不一定所有人都会接受你的好友申请，但即便如此，你的好友数量也会不断增加。

（4）**利用群文件进行导流**。写一些有价值的软文，将其制作成图片或PDF文档，这样不仅可以避免文件下载后被人更改，还便于二次传播。将自己微电商店铺的微信号上传到群文件里，并且设置一个别出心裁、引人入胜的标题来吸引人们的注意。此外，还要留下玄机，让人们看到之后产生想更加深入了解的欲望。

在解决QQ外挂、自动添加好友、导出QQ号等问题方面，我们可以通过百度搜索或者到淘宝上购买一些第三方工具来解决。

2. QQ空间导流

具体操作方法如下。

（1）**开通QQ会员和黄钻**。QQ会员和黄钻用户可以享有一些普通QQ用户没有的特权，如添加好友数量上线限制，普通会员的好友人数通常限制在500人以内，而QQ会员的上线人数则可以达到1000人。再比如，QQ黄钻用户可以享受很多免费装扮空间的特权，如导航栏、播放器、个性相册、黄钻套装等，这些都可以为QQ空间导流奠定良好基础。

（2）**装扮QQ空间**。我们可以充分利用黄钻特权对QQ空间进行装扮，在主页中添加产品元素和产品标志，突出重点，这样可以让好友一进入空间就能知道你是做什么的。

（3）**发空间日志**。发空间日志是每日必做的事情。采用图文并茂的方式发一些产品介绍、用户使用心得、销售业绩等，这可以让你的好友对你的产品产生兴趣，进而产生购买、体验欲望。在QQ空间里发日志还有一个非常重要的优势，你的好友可以将你的日志转发，这会让更多的人看到你的产品，让更多的人关注你的产品。

（4）**上传空间相册**。上传空间相册也可以起到提升关注度的作用。通常来说，上传的图片要与自己销售的产品相关的，如明星见证、买家秀等更能吸引人眼球的图片。

（5）**加强互动**。当有好友进入你的空间时，看到你的空间装扮、空间日志、空间相册，必然会写一些评论，写出自己的心声。这时，你就要对这些评论及时做出回复，让好友知道你已经看到了他的评论并且知道了他的来访。这样一来，二者相互之间就实现了互动，对方逐渐从好友发展成为你的粉丝，而且更愿意给你的产品宣传提出意见与建议，帮助你更好地开展QQ空间的导流工作。

加入各种圈子，提升自己的知名度

如今，微信用户的活跃度已经超过了以往的QQ，并且越来越多的人开始通过微信进军微电商行业，甚至有人月入过万。微电商已逐渐成为“最容易赚钱的职业”之一，但是，殊不知在这的背后，商家也付出了很多努力。

微电商一定要想方设法提升自己的知名度，这样才能获得更多的客户。提升知名度最重要的一个途径就是加入各种圈子。选择比努力更重要，选择好的方式来提升知名度，比自己埋头苦干、不问世事更重要。

那么，加入圈子对微电商的发展有何好处呢？

（1）圈内的大咖、大佬的经验传授、迷津指点、大力推荐，不仅能够提升自己经营微电商的能力，增加微电商的营销渠道，还能提升自己的知名度。

（2）经常在各种圈子里“露面”，圈中的人也可以被用来扩展自己的社交圈，这是一种最直接的方式。

（3）无论是直接的还是间接的，你都会在圈内获得一定的收益，无论是认识了大咖、大佬，抑或是推出了产品。

加入圈子有这么多直接、间接的好处，那么应当加入什么样的圈子呢？如何才能在圈子里面打响知名度呢？在圈子里应当注意什么呢？

（1）**选择什么样的圈子**。

①要积极参与与互联网科技有关的圈子，学习有关互联网的新知识，也可以将学习到的互联网知识运用于实际来提升自己的知名度，为自己能够游刃有余地经营微电商打下良好基础。

②积极加入微博红人、自媒体达人组织的圈子，包括其他在微信、微博中极具影响力的人。加入这样的圈子将对你提升自己知名度起到事半功倍的效果。

③接近媒体圈、广告圈，接近圈内有关人士。媒体、广告本来就是一种宣传媒介，做微电商离不开大力宣传，积极加入媒体圈、广告圈对微电商的宣传和推广有极大的帮助。

④寻找机会接近领域内的专家，或者接近权威、有影响力的人，借助对方提升自己的专业技能，让其成为自己在该领域进行微电商营销的指路明灯。

（2）**如何去寻找圈子**。

①经常关注今日头条以及微信公众号、微信群等。有很多人在发表文

章之后会附上公众号或招募启示。他们往往是一些在相关领域有一定专业知识、具有一定营销经验的人。如果能和这样的人成为好友，那么与其进行真诚深入的交流之后，必定会给对方留下好印象，同时你也可以通过聊天来判断这个人是否可靠，是否值得自己加入其圈子。确定之后，即便需要缴纳一定的费用，只要对你日后的长期发展有帮助、能够提高你的知名度，也是非常值得的。

②在百度贴吧里搜寻。百度贴吧里有很多人发帖招募代理，你要先加这些招募人的微信，之后他们肯定会把你拉进一些微信群，你可以在群里免费学到很多知识，并且通过在群里的互动来让更多人认识你。

③参加线下活动。很多微信群会不定时地组织线下聚会活动，会有很多人前来参加，其中不乏微信红人、微电商大咖等。如果你能抓住机会多结识这样的人，并进行面对面的沟通和交流，一方面能给对方留下好的印象，另一方面也能对他本人有一个大概的了解，之后最好彼此留下微信号和电话号，以便日后联络与合作。所有这些都是为日后进一步合作、提升知名度做铺垫。

（3）**如何才能在圈子里打响知名度**。

①提升自我。微电商必须要对自己涉足的领域有深层次的了解，这样才能开展营销工作，也能为更接近专家或者权威人士创造机会。

②进入圈子之后，要尽量快速掌握圈中的人脉、玩法、规则，尽快地融入到圈子中。

③拿出自己的真情和真诚，让圈子对你产生足够的信任，愿意接受你，愿意与你共同分享知识。

④将自己掌握的专业知识在圈子内进行分享，让圈内更多的人认识自己，从而提升自己的人格魅力，吸引圈内更多人关注自己。

（4）**在圈子里要注意什么。**

①提高自己的识别能力。圈子有很多种，要培养自己的识别能力，分析、判断哪些是日后有助于自己微电商发展的圈子，哪些是对自己提高知名度没有意义的圈子。

②你在圈子里认识的人，都只能起到一个连接的作用，并不是通过与这个人接触，你的微电商知名度就一定能够大幅度提升。

③在圈中与人交流一定要真诚，一定要诚恳、谦虚，学习一定要勤奋。

要想做一个会赚钱的微电商，就要抓住机会加入各种圈子，还要在圈子里打响知名度，真诚地对待圈中的每一个人，最终增加粉丝数量。

学会借力，从大号转移粉丝

做微电商，关键要是扩大社交范围，获取粉丝就是微电商营销工作的核心。借力于大号，从大号转移粉丝就是一种简单的增加粉丝数量的方法。

所谓微信大号，实际上就是指微信公众号；微信小号，则是个人微信号。微信公众平台拥有大量粉丝，少到几千人，多到几十万人，因此，微信公众平台就像是一个巨大的粉丝池。此外，每一个微信大号都有其特定的主题，其中的粉丝也是经过长时间积累留下来的。微信大号对微电商营销具有十分重要的意义。如果能将大号上的粉丝转化成为个人微信号粉丝，那么将对微电商大有裨益。

那么，如何才能将粉丝从大号上转移过来呢？

1. 要自建大号

微电商不能把目光仅仅停留在销售量上，要知道提高销售量需要技巧和方法。因此，有精力和能力的微电商一定要自建大号，将粉丝转化为微信粉丝，从而增加潜在客户数量，这才会有机会提升销售量。

实际上，自建大号对扩大粉丝规模是最好的选择。如果是经营服装类微电商，就可以建立一个与女性相关的微信大号，讨论的内容可以是女性保养、穿衣打扮等。久而久之，这些成员会逐渐成为大号的粉丝。具体操作方法如下。

（1）**大号注册**。在微信网站注册微信公众号。因为微信公众平台是致力于打造真实、有效、合法的品牌推广平台，因此在登记信息时，一定要填写真实信息，一方面是为了保障广大微信用户的利益，另一方面也有利于让微信用户看到自己真实的一面，让微信用户对你更加信任。

（2）**进行设置**。要对大号的头像、微信号、二维码等进行设置，设置要点和注意事项则与微信小号类似。

（3）**添加成员**。选择对自己产品有兴趣的成员，将其添加为好友。添加好友之后要进行甄选，将那些关注你动态、经常与你互动的好友保留，将那些从来不出来发言、不关注你朋友圈的“僵尸好友”删除，为吸纳其他成员留出空间。

吸引成员加入需要具备一定的技巧。以做化妆品微电商为例，通过分享化妆技巧来吸引广大女性加入的具体操作方法如下。

①以交友群为主题，放出风声（见图 4-2）。

建立了一个化妆分享的微信公众账号，主要是针对如何化妆、化妆技巧、化妆窍门等进行交流、分享，希望能够给爱美、爱化妆的美眉们提供有用的化妆技巧，也希望平时不爱化妆的美眉们也多了解了解，出门前给自己化个淡妆，你也可以和明星一样美美哒。赶快过来关注加微信群吧。微信号：，或者扫一扫二维码轻松加入。等你哦

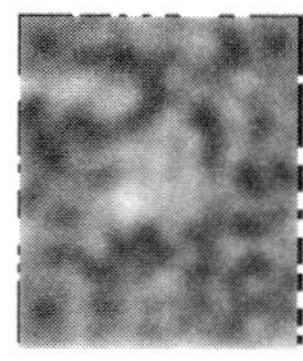

图 4-2 以交友群为主题，放出风声

②利益诱惑（见图 4-3）。

凡是愿意把自己的化妆心得、化妆技巧分享的美眉，可以免费获得伊贝诗化妆品试用装，数量有限，先分享先领取哦。美眉们，还等什么？赶快行动吧！

图 4-3 利益诱惑

（4）**建立信任**。经常在朋友圈内发起与自己产品有关的话题，呼吁好友与你互动，发表自己的观点，如果有好的意见，通过投票的方式选出最受欢迎的前三名进行奖励，并及时兑现自己的承诺，从而吸引更多人参与到互动和讨论中，这样就可以兑现承诺的过程中与众多好友中建立起信任关系。

（5）**形成粉丝**。经常制造富有建设性的相关话题，吸引更多人关注你，让好友觉得你非常有才华、有头脑，进而对你产生崇拜感，让他们成为你忠实的粉丝。

（6）**粉丝转移**。在与好友一步步建立信任，最终将他们转化成为自己的粉丝后，接下来要做的关键工作就是把大号中的粉丝转移到你的微电商号中。在粉丝对你非常认可、把你当成朋友的时候，号召广大粉丝为你的产品做宣传。

2. 与别人已建好的大号合作

有时候，自己建立大号需要投入很多时间和精力，选择别人已经建好的大号进行合作则比较简单、易操作、省时、省力。具体操作方法如下。

（1）**积极关注对你有利的公众平台**。要经常在公众平台上参与活动，积极互动，发表自己的观点和看法，及时反馈平台动态，让平台小编从众多人中发现你。要与小编多沟通，和小编成为朋友，他也许会将自己的好友分享给你，将平台用户转移到你的微电商号。

（2）**提供礼品赞助**。有时候，说得天花乱坠不如给点实惠。公众平台经常会就某个话题做活动，这样可以充分调动用户的活跃性，你可以与公众平台的发起者商谈合作，为其公众平台适量提供自己的产品作为活动礼品，这样一来，既可以将自己的产品在公众平台中进行推广、宣传，又可以轻松获得你想要的平台用户资源。

（3）**与平台发起者联合互推，互利互惠**。公众平台也需要不断地推广自己才能吸引更多粉丝加入，你可以联合公众平台发起者进行互推，让公众平台帮助你推送你的产品链接，而你则要在朋友圈内转发其链接，帮助其引流。事实上，公众平台在为你推送产品链接的时候，就是间接地将其用户转移到你的微电商号中。

巧用见证，请客户介绍客户

社会心理学中有一种现象叫从众心理，是指个人受到外界影响，在不自觉中形成一种心理判断，认为符合公众舆论或行为的方式必然是正确的、可靠的、真实的。这种从众心理在人群中普遍存在。

从众心理是有典故的。福尔顿是一位物理学家，有一次他在测量固体氦的热传导度时，尝试采用了一种新的测试方法，测出的数据比传统理论计算出来的结果高出500倍。福尔顿并没有将该数值公布于众，因为他认为如果将这个数值公布以后，必定会让很多人认为他故意标新立异、哗众取宠，所以他将该事放下了。没过多久，一位年轻的科学家也通过实验测得固体氦的热传导度，没想到的是，该数值居然与福尔顿测的完全一致。很快，这位年轻的科学家将这个数值公布，之后受到了科学界的广泛关注。这时，福尔顿对自己没能“打破传统”的做法后悔莫及，并写道：“如果当时我摘掉名为‘习惯’的帽子，而戴上‘创新’的帽子，那位年轻人绝对无法抢在我之前抢走我的荣誉。”其实，福尔顿的这种“习惯”就是一种从众心理。

做微电商也要学会抓住客户的心理进行营销。对客户来说，始终相信“眼见为实耳听为虚”。见证就是一种让客户眼见为实的好方法。商家要学会巧妙地利用见证来让客户介绍客户，以此增加自己的销售额。

那么，如何才能利用好见证呢？

（1）**订单见证**。通常情况下，客户在看到自己中意的商品之后，做的第一件事就是先看交易量，交易量多，使用的人必然也多，表明该产品是安全的、可靠的。因此，做微电商要抓住客户的这一心理，为客户提供订单凭证，让客户看到你的订单量有多少，因为客户相信数字是最有说服力的。

（2）**使用见证**。对于使用见证，一方面是自我使用见证，另一方面是买家秀见证。使用见证对微电商来说非常重要，很多微电商将使用见证的照片放在商品首页或者发布在朋友圈中，只要客户进入商品首页或者关注朋友圈就可以看到该商品的使用见证。客户能够真切地感受到众多买家在购买到你的产品之后的喜悦，必然会认为这家店铺的产品不错，值得购买。

（3）**明星见证**。明星见证是微电商营销巧用见证中很重要的一种方式。明星见证有两方面的作用：一是起到意见领袖的作用；二是发挥明星效应。意见领袖的影响力很大，很多人认为明星都使用该产品，那么该产品必然是不错的选择。所谓明星效应是指请时下当红的明星做见证，很多粉丝认为自己喜欢的明星用这款产品，我也要用。当然，就意见领袖而言，并不一定必须是明星，也可能是某方面的专家或权威人士。比如，销售的是牙膏，那么可以想方设法请中国牙医协会的权威人士出来做见证；销售的是化妆品，就可以请时下最著名的化妆造型师做见证。

（4）**证件见证**。客户购买产品时之所以担心，是因为他看不到想要看到的有说服力的东西。证件就是最好的见证。一方面，他们通过证件中可以清楚地了解产品的原材料、原产地、质量品质等；另一方面，他们可以通过权威机构颁发的相关质量体系认证、检测证书、专利证书等了解到产品是值得信赖的。

在所有商品中，食品的质量是所有人最关心的，人们通常会对食品的食材、加工过程、包装等卫生问题以及安全问题最为关心。如果商家能向客户提供食品从原料到加工成型到包装的整个生产流程的视频，那么客户对食品安全和卫生的顾虑便消除了，再加上有相关权威机构的认证，客户必然会放心购买。

针对以上见证，商家要在以下四个方面下功夫。

（1）对于订单见证，商家自己就可以完成。最直接的操作方法就是将微电商交易的付款记录截图发给客户，也可以将寄给客户的快递单作为订单见证发给客户。

（2）对于使用见证，商家要精选出美观、大方、有代表性的买家秀作为使用见证，但是最好具有引导性，让客户不假思索地产生从众心理，进而购买产品。

（3）对于明星见证，商家要尽量寻找明星见证的机会，可以将明星见证的整个过程制作成图片或者视频，尤其是视频。

（4）对于证件见证，商家要结合证件制作相关的视频来印证证件的真实性。比如到生产车间拍摄生产全流程，向客户讲述产品诞生的过程，让客户更加易于接受产品，了解产品的真实性。

2015 年的农夫山泉广告就是一个非常好的产品见证的例子。该广告采用讲故事的形式，图文并茂地展示了从寻找水源到灌装车间的场景，讲述了农夫山泉的水源就是来自于大自然，印证了“我们不生产水，我们只是大自然的搬运工”，也印证了在产品设计方面更人性化——“更好的用户体验也是农夫山泉的追求”。

通过有奖活动吸引粉丝

微电商做活动的目的是为了增进与参与者之间的感情，提升用户活跃度，最重要的是增加销量。因此，商家在做活动时，不仅要思路清晰、有条理，还要将活动做得新颖别致，关键要让大家都踊跃参与进来。

做有奖活动，重点在于将参与者一步步引向自己的产品，让他们喜欢自己的产品，进而产生购买欲望，还要让其产生向朋友圈主动传播的意愿，带领更多的人来参与。因此，在做有奖活动策划时，商家要尽量多方考虑，尽可能吸引更多人参与。

有奖活动吸引粉丝法有两个渠道：一是线上活动；二是线下活动。线上和线下活动相结合，效果更佳。

1. 线上有奖活动吸引粉丝法

与线下有奖活动相比，线上有奖活动具有成本优势。因为线上活动主要借助于互联网进行传播、举办，也正好利用了互联网免费的优势。线上有奖活动可以吸引粉丝的关注，对粉丝进行物质奖励，进而刺激粉丝晒单，提高微信粉丝的活跃度，从而提升销量。

例如，京东经常利用线上有奖活动来吸引粉丝。京东在“粉丝专享日”推出了众多满减活动、免费抽奖活动、低价抢购活动以及晒单赢奖活动。其中“晒单赢更多奖品”活动就是利用了奖品来吸引粉丝，通过粉丝购物后的晒单来吸引更多人的关注，最终增加销量（见图 4-4）。

图 4-4　京东“晒单赢更多奖品”活动

2. 线下有奖活动吸引粉丝法

用线下有奖活动吸引粉丝不具备成本优势，因此商家要创新活动方案，让活动趣味性十足，引起大家的兴趣，只有这样才能达到预期目的。

例如，韩束在线下举办的“韩束之夜”就是一次非常成功的线下有奖活动（见图 4-5）。

2014 年 12 月 8 日，韩束在北京国家体育馆举办了一场“韩束之夜”演唱会此次活动明星阵容强大，现场布置璀璨恢弘，吸引了众多明星粉丝。

在演唱会的策划阶段，韩束就希望通过此次演唱会来推广自己的产品。

这就要达到以下要求：

（1）要尽可能让更多的人知道这场演唱会；

（2）要让尽可能多的人知道韩束的产品，以及韩束大力发展微电商的决心；

（3）招募韩束微电商入驻；

（4）尽可能让更多有影响力的明星、名人参加演唱会，从而实现二次传播。

图 4-5 “韩束之夜”演唱会

此次活动方案的具体设计如下。

（1）向全国1000个拥有500人大规模微信群的群主发出邀请，并且可以免费参加韩束之夜，向其赠送价值2980元的VIP门票一张。

（2）每位群主有带领一名群成员来参加演唱会的资格，该成员必须在群内拥有最高人气支持。

（3）在受邀请的1000位群主中评选出100名“人气王”，每位“人气王”可获得韩束提供的价值5000元的护肤产品，并能免费参加2015年4月举办的中国国网商博览会现场活动，并有和来自全国的100位移动互联网大咖面对面共同探讨未来移动电商发展趋势的机会。（“人气王”的产生办法是：在收到演唱会邀请函之后，在朋友圈内分享，让好友点赞、留言，韩束在三天后统计结果，前200名的群主可以进入预赛。之后，韩束会对进入预赛的选手进行第二轮选拔，人气最高的前100位群主便是人气王得主，演唱会前三天公布“人气王”名单。）

（4）在1000位群主的朋友圈中评选出最美朋友圈照，获奖者可以获得韩束提供的首席微电商摄影师证书，并且可以获得韩束提供的“欧洲十国双人游”奖品。

韩束在线下举办的“韩束之夜”演唱会，首先邀请了众多明星参与，实际上就是通过明星效应来吸引更多的粉丝，将明星粉丝转化为韩束品牌粉丝；其次邀请了1000位微信群主免费参加演唱会，并评选“人气王”、最美朋友圈照，目的就是通过群主的人脉和号召力吸引更多的人关注韩束品牌，成为韩束的粉丝；最后，招募微电商入驻是为了提高产品销量。韩束成功举办了这次演唱会，获得了巨大的粉丝量，此次活动充分说明线下

有奖活动是一种非常有效的吸引粉丝的方法。

举办有奖活动来吸引粉丝时，要注意以下事项。

（1）活动方案。制定的活动方案，要简洁明了、富有创意，最好能够结合时下的热点。

（2）活动主题。文案主题一定要清晰明确，要能抓住人们的心理。有奖活动要突出强调“有奖”两个字来吸引人们前来参加。

（3）活动目的。要明确举办活动的目的，即活动中每一个环节都是为“吸引粉丝”做铺垫的。

（4）活动时间。活动时间一般要适度，时间过长会让人产生疲劳感，失去参与的兴趣和积极性，活动时间通常不宜超过一个月。

（5）活动平台。活动平台的选择可以多样化，线上可以选择自由平台展开活动，也可以借助大众平台进行，如论坛等；线下可以拉赞助，自建线下平台。举办线上活动基本是零成本，活动开展起来比较容易；开展线下活动则需要一定的经济实力和广泛的人脉关系。

（6）活动形式。举办活动的形式要多种多样，如晒单有奖、有奖转发、有奖征集等方式；线下可以举办演唱会、明星签售会等。

（7）活动流程。无论是线上还是线下，活动流程都要简单、易操作。

（8）奖项设置。设置奖项时，要“大奖刺激，小奖不停”，大奖可以刺激更多人参与，小奖可以使活动得到延续。

（9）活动广告。活动过程中有时会植入广告，但要注意广告的隐蔽性，否则会让人产生反感，进而对活动失去兴趣。

（10）市场推广。做完活动并不意味着就完事了，商家还要进行后续推广，强化产品在粉丝心目中的印象。

通过游戏和娱乐吸引粉丝

微信是一种非常强大的社交利器，发朋友圈是一种最简单、最有效的信息传播方式。朋友圈里经常会出现各种职场成功定律、心灵鸡汤、求点赞、搞笑段子等，看得太多了就会产生厌倦感，甚至不会点开查看，更不用说主动转发了。因此，微电商需要寻求一种趣味性较强的新奇方式，来激发人们的好奇心，进而吸引其逐渐成为自己的粉丝。

那么，什么是具有较强趣味性的方式呢？答案是游戏和娱乐。试想一下，如果每天在朋友圈看到的都是文字和图片，看多了是否会产生视觉疲劳？是否会觉得索然无味？游戏和娱乐便可以解决这个问题。游戏和娱乐往往能调动人们的思维，促使其想出解决办法，引起人们参与的兴趣。

1. 游戏

微信游戏深受广大微信用户的青睐，诸多商业项目已经把微信游戏作为切入点。图 4-6 为几款微信游戏。

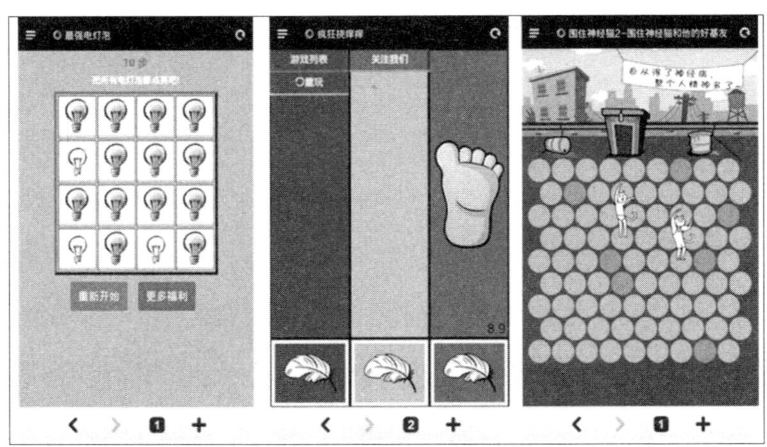

图 4-6　微信游戏

截至 2015 年上半年，微信注册用户数量已经超过了 9 亿人，其中月活跃用户达到了 5.49 亿人，游戏用户为 4.68 亿人。马化腾曾经在 2013 年全球移动互联网大会上对微信的游戏平台问题表态："移动社交游戏可能是微信商业化的最大突破口。"

如今，马化腾具有预见性的表态已经逐步开始应验了。微信游戏已成为一种商业化的导流方式，通过游戏吸引粉丝成为了微电商的一种营销模式。

那么，如何利用微信游戏吸引粉丝呢？

（1）**将品牌植入游戏**。所谓品牌植入游戏就是在游戏中融入品牌元素。品牌植入游戏是最好的品牌宣传方式之一，可以让广大用户在玩游戏的过程中记住这个品牌。

（2）**将广告植入游戏**。所谓广告植入游戏就是在游戏的过程中植入广告。我们玩游戏过程中会有广告弹出，并遮盖整个游戏界面，当玩游戏的次数多了，我们对该广告中产品的印象也就深了。其实，这种方法的实质是通过重复记忆法来达到吸引粉丝的目的。

以“围住神经猫”这款游戏为例。游戏玩家在玩游戏的时候会看到一些应用推广信息，如妈妈社区，其实这也属于广告植入的一种（见图 4-7）。

图 4-7 妈妈社区在微信游戏上的推广信息

（3）**利用普通互动游戏吸引粉丝**。微信互动游戏有很多种，我们要选取自己玩得最好的游戏与其他游戏用户互动，并坐上游戏“老大”的地位，让其他游戏玩家对你产生崇拜感，进而成为你的粉丝。这时就是你转化粉丝的最佳时机，你可以将游戏粉丝转化到你的微电商号上，达到吸引粉丝的目的。

需要注意的是，游戏之所以能够吸引人，关键在于其趣味性、互动性。我们不难发现，通常微信游戏的画面比较粗糙，这是由其生命周期和成本决定的。这种游戏的生命周期比较短，投入的成本也很有限。因此，在制

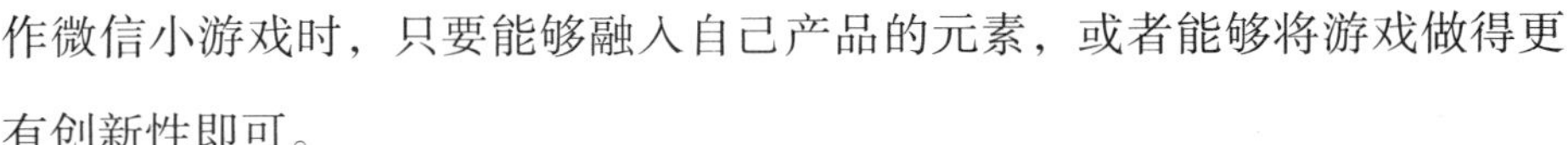

作微信小游戏时，只要能够融入自己产品的元素，或者能够将游戏做得更有创新性即可。

2. 娱乐

其实，游戏与娱乐没有太大分别，游戏中包含娱乐，娱乐中包含游戏。这里所说的娱乐是指微信功能中的“摇一摇”“漂流瓶”“附近的人”三种娱乐功能。

（1）**“摇一摇”吸引粉丝法**。“摇一摇”是微信中的一个社交功能，它可以让微信用户相互匹配，提高互动性。很多人会觉得：能够在那么多用户中摇到对方是一种缘分，他们愿意与对方打招呼，进而成为好友。实际上，利用“摇一摇”功能的目的是为了让更多的人看到你的个性签名或者添加你为好友。

碧桂园玛丽蒂姆酒店就曾利用“摇一摇”来吸引粉丝。碧桂园玛丽蒂姆酒店是一家非常有名的五星级花园式酒店，在做微电商时，该酒店就是充分利用了“摇一摇”功能。该酒店经理要求所有酒店员工都要注册微信号，利用“摇一摇”功能摇出同一时间内附近的微信用户，并且主动、热情地与他们打招呼，向他们介绍和发送酒店营销信息。“摇一摇”具有地理定位的功能，可以从你摇到的微信用户与你之间的距离来判断其是否在你附近。因此，这对吸引酒店附近的人前来消费是非常有效的。而且“摇一摇”功能具有娱乐性、趣味性，很多住户正在发愁入住哪家酒店时，通过“摇一摇”功能正好摇到了碧桂园玛丽蒂姆酒店，便会觉得这就是一种缘分。他们在与酒店人员交谈之后，会发现酒店员工的真诚与热情，因此会毫不犹豫地选择碧桂园玛丽蒂姆酒店入住。

（2）**“漂流瓶”吸引粉丝法**。你需要注册很多个微信小号，至少要上百个微信小号，这样一个小号每天可以最多扔出20个漂流瓶，上百个小号扔出去的漂流瓶数量还是非常可观的。在每个瓶子里写一些与你的产品有关的广告语或者营销信息，拾到瓶子的用户有可能主动加你为好友。

奇瑞在利用漂流瓶吸引粉丝方面可谓是高手。奇瑞自2012年以来，就一直使用漂流瓶这一功能来吸引粉丝。奇瑞向用户抛出写有“感恩四百万、新春聚划算”的漂流瓶，只要捡到瓶子的用户回复并关注奇瑞微信公众号，就有机会获得价值30元的手机充值卡一张。此外，奇瑞还在漂流瓶中设置了暗号，每个瓶子里有“奇瑞”“感恩四百万”“新春聚划算”三句话之一，只要三个微信用户分别捡到不同的内容，并联合起来组成一句“奇瑞，感恩四百万，新春聚划算”，就可以在发送截图之后，每人获得一部iPhone 5。这样的漂流瓶活动使得奇瑞的粉丝量猛增。

（3）**“附近的人”吸引粉丝法**。“附近的人”这一功能具有在附近范围内搜索的能力，可以通过定位将你附近的人全部聚集到一起，并且“附近的人”具有移动性，可以随着你位置的变化而变化。通过搜寻附近的人，让更多的人发现你，看到你的签名进而添加你为好友；当然，你也可以主动添加附近的人为好友。

比如，一家新开张的蛋糕店为了吸引更多的人关注店铺，就利用“附近的人”这一功能搜寻微信用户，与其热情地打招呼之后，便向其推荐自家产品，并发送一些优惠信息，如“新店开业，店内蛋糕品类全部8.5折优惠”“推荐20位微信用户关注本店的客户可享受7折优惠”。

通过话题引流

通过话题引流也是一种常用的吸引粉丝的方法，即通过微话题来引起更多人的兴趣，进而增加其关注度与参与度，通过话题互动来吸引参与者成为自己的粉丝。使用话题引流法，要让话题能抓住用户的痛点，要能直戳用户的心理需求。

话题引流法有两个渠道：一是微话题引流；二是社群话题引流。

1. 微话题引流

微话题引流是指在微信朋友圈中发布一些能够引起大家广泛关注和参与的话题，进而将参与者转化为自己的粉丝。

例如，大悦城经常发布一些大家都比较关注的话题，通过话题引流，最终吸引粉丝加入。首先，首页放的照片是前段时间大家都极为关注的黄晓明和 Angelababy 两人的甜蜜结婚照，能从视觉上一下抓住人们的眼球。其次，标题为“七夕，没有三千万的礼物，也能高调秀恩爱”，把即将到来的“七夕节”作为话题。最后，站在大众的角度，设身处地的为大家提供了三种“没有三千万的礼物，也能高调秀恩爱”的方案，一步步吸引广大微信用户的关注，并吸引众多粉丝去大悦城消费，如图 4-8 所示。

朝阳大悦城

七夕丨没有三千万的礼物，也能高调秀恩爱

2015-08-18 朝阳大悦城

七夕情人节就要到了，是不是正在想怎么讨女票欢心？看到黄教主放的大招没？与baby结婚聘礼三千万！三千万！小悦绝对猜得到，此时的你一定气血直冲天灵盖！没事，不论你是走有钱任性路线，还是就想来点创意简约的，小悦都有招儿！

朝阳大悦城

1　有钱任性

最闪亮礼物

Happy Chinese Valentine's Day

I DO的钻戒、施华洛世奇的幸运项链、潘多拉的魔法手链，还有Folli Follie的可爱包包，随便选哪款她都会爱不释手。

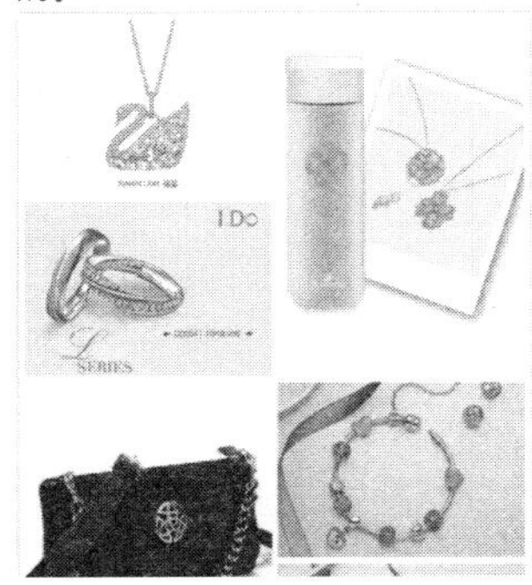

朝阳大悦城

2　创意简约

十元也能表心意

Happy Chinese Valentine's Day

爱是心意，狠不下心买潘多拉？没关系，这条手链也很美。高品质茶具吃不消？没关系，爱心小草莓创意茶包照样打动ta。没办法带ta去法国酒庄品尝红酒？没关系，哆啦A梦起泡酒更是独一无二。只要有心，十元好礼也能表达满满爱意。

朝阳大悦城

3　成双成对

完美秀恩爱

Happy Chinese Valentine's Day

雷朋从来都是情侣款太阳镜的最佳选择，无论哪款，总有两个size适合你们。

浪琴的名匠系列高贵大方，CK新款腕表还是韩国欧巴同款！

什么？水果烟也出情侣款了？508还赠送两瓶油？

这些，都是为了秀恩爱而生的好礼呀！

图 4-8　大悦城的七夕活动

2. 社群话题引流

社群话题引流通常就是借助于百度贴吧、陌陌之类的社群开展话题讨论，然后将参与者引流到微信，使他们成为你的粉丝。

比如，在陌陌吧里发布一些能够引起大家感兴趣的话题，像美容、护肤、化妆、服饰搭配、星座八卦等一些女性较为关注的话题，然后将自己的经验分享给她们。在社群里进行话题引流，要注意标题要新颖，这样才能具有足够的吸引力，如“自然裸妆你会吗”。之后要对话题的内容进行加工、整理，既要有一种朗朗上口的亲切感，又能很好地引导大家。最后，别忘记附上你的微信号。如果你的这次社群话题互动做成功，自然会有很多人加你的微信号。

例如，宝宝树和妈妈帮是很多人熟知的为准妈妈和新生妈妈在孕前、孕中、孕后提供育儿交流服务的论坛社区（见图 4-9），很多妈妈都在里边参与互动。很多做母婴产品的微电商也会加入宝宝树和妈妈帮，发布一些能够与妈妈们建立信任关系的话题，如饮食、医疗等，这些话题都是妈妈们十分关注的话题。在激烈的讨论和互动之后，微电商会发布一些经验与妈妈们分享，之后会将自己的微信号告诉妈妈们，妈妈们也会非常乐意地加微电商为好友。这样一来，微电商就成功地从宝宝树和妈妈帮里将妈妈们引流到自己的微信。与此同时，微电商还会采用一些“参与话题讨论有奖”的方法来吸引更多的妈妈们加自己的微信号领取产品小样，最终成功吸引粉丝。

图 4-9　妈妈帮论坛社区

话题引流的具体操作方法如下。

（1）**多建几个账号**。无论是微话题引流还是社群话题引流，都需要多建几个账号，以便接下来刷评论和转发，也有助于把一条评论刷成热门话题。

（2）**找几个热门话题**。热门话题一定要能够直击用户的心理需求，这样才能提高话题的阅读数量和用户参与的活跃度。

（3）**撰写相关文案**。文案的内容一定要与你的话题相关，并且还需要配上相应的图片以及微信二维码。图片的作用是第一时间抓住人们的眼球；微信二维码的作用是便于人们主动加你为好友。此外，要养成更换文案的习惯，每次刷朋友圈都要有不同的文案。另外，还应注意，文案一定要有原创性。

（4）**发送并刷评论**。文案准备好之后就可以发文了。通常情况下，一个账号每隔三分钟左右刷一条。刷到 20 条左右时，就可以更换其他账号继续刷。一般情况下，话题分为实时话题和热门话题，只有不断地刷，才能将你的话题从实时话题转化成热门话题，才能博得更多人的关注。

掌握最有效的信息群发技巧

微电商要想尽可能地吸引更多粉丝，就要掌握群发信息的技巧。微信群发不仅支持文字群发，还支持语音、视频群发。微电商可以利用群发，将与产品相关的具有创意性、趣味性的内容，群发给群成员，吸引群成员的关注。

群发信息的具体操作步骤如下。

（1）打开微信，点触右下方的“我”按钮。

（2）点触“设置”按钮。

（3）在“设置”页面中点触“通用”按钮。

（4）在“通用”页面中点触“功能”按钮。

（5）点触“群发助手”按钮，开始群发。点触“新建群发”按钮，并依次勾选发送对象，然后点触“下一步”按钮，进入信息编辑页面，编辑完信息之后，点触“发送”按钮。这时，之前勾选的所有对象都会收到信息；如果要对所有人进行发送，可以直接点触“全选”按钮进行发送。

具体步骤如图 4-10 所示。

第一步　　第二步　　第三步

第四步　　第五步

图 4-10　群发信息的操作步骤

群发内容的形式和选择形式的技巧如下。

（1）**文字**。通常情况下，我们把产品的宣传内容和文章内容结合起来作为微信群发内容，这些文字也就是平常人们所说的软文。读者在阅读软文时能够了解到策划者所要表达的意思以及宣传的内容。好的软文既可以让读者获得需要的内容，又可以了解到策划者想要宣传的内容。

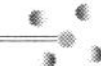

撰写软文要注意以下几点。

①题文要震撼。互联网具有传播快速、便捷的优势。通常来说人们在选择一件东西时遵循“7 秒定律”，即在众多商品、信息中，判断自己是否需要该商品、是否对该信息感兴趣，仅仅需要 7 秒时间。因此，客户在互联网上快速浏览各种信息的时候，如果想让其放慢脚步停留在你发布的信息上，就要使信息的标题和内容与众不同，使其具有震撼人心的力量。这种标题一般具有三个特点：与用户利益有关；与用户的好奇心有关；与相关新闻事件有关。

②格式要清晰。软文一定要吻合互联网“快”的特点，格式要清晰，要分点罗列，才能让人一目了然。

③字数要适宜。软文篇幅不宜过长，否则会使人产生阅读疲劳，一般 500 字以内为宜。

④炒作要趁热。写软文的时候，通常会穿插一些时下最火热的话题或者新闻事件来吸引人们的眼球，如果穿插的内容是好几年前的过时信息，就无法引起人们的关注。

（2）**图片**。图片一般向人们传递的是非常直接的信息。选择图片时，一定要为软文内容服务，即为产品服务，因此要贴合实际地表达想要表达的意思。

（3）**视频**。视频作为一种动态的内容形式，往往比文字和图片更加生动、更能吸引人，而且更有真实性。比起阅读文字和观看图片，人们更愿意通过观看视频来了解信息。下面介绍群发视频的制作过程。

视频制作分为以下五个阶段。

①搜寻素材阶段。素材是视频制作最基础的原材料。制作方法可以通过技术手段来弥补，而素材的好与坏是群发视频能否成功吸引粉丝的关键。

②录制视频阶段。录制视频时可以根据想要录制的不同内容进行专项录制，如录制产品生产视频、销量见证视频、明星见证视频、买家秀见证视频等。

③草拟标题阶段。不要忽视视频的标题，其实简短的标题文字包含着你的智慧，蕴含着视频的主要思想。因此，在拟标题时，一定要让它既引人入胜，又能突出视频的中心思想。

④加工修改阶段。视频加上标题，初步的视频已经完成，接下来要做的就是对视频进行加工修改。加工修改时，要仔细斟酌，反复修改，将与主题不贴切的、如流水账一般的、像素不高的部分剪切掉，从而保证视频质量。

⑤视频定稿阶段。加工修改完毕之后，要全面核查视频，确认无误后方可定稿。

（4）**音频**。音频是比文字更能让人快速了解信息的一种形式，将群发内容录音后进行群发，也是一种群发内容的形式。需要注意的是，在录制音频时一定要明确主题，录制人员的声音一定要声音甜美、音色圆润，切勿让声音沙哑或吐字不清的人来录制，这样将直接影响听众的听觉感受，也就不会有人愿意关注你，直接影响吸引粉丝的效果。

选择群发时间的技巧如下。

群发的目的是为了让更多人看到你发送的内容。要想让更多的人在第一时间看到你的内容，就要掌握好群发的时间。选择微信用户最为活跃的时间段进行群发，可以让更多的用户关注到你。群发的最佳时间已经在第三章的“发信息要重视的四大要素”中进行了详细介绍，此处不再赘述。

只要能够全面掌握群发操作技巧、群发形式选择技巧、群发时间选择技巧，就能灵活进行产品信息群发，让更多好友及时看到你的群发内容，第一时间关注你和你的产品，并在第一时间喜欢上你的产品，进而成为你的粉丝，从根本上提升你产品的销量。

第五章　做好自媒体，深深吸引你的用户

本章重点导读：

☆ 做好自媒体运营是微电商必备的经营能力，只有懂得如何运用自媒体，才能让用户离不开你。

☆ 只有设计出精彩的文案，才能吸引用户的注意，进而俘虏他们的心，让他们成为你的粉丝，最终为你带来美好的“钱”景。

☆ 自媒体离不开互动。互动是一种与粉丝进行高效沟通的手段。互动可以营造良好的朋友圈氛围，快速提升品牌知名度，因而是培育品牌美誉度、客户忠诚度的有力武器。

巧用自媒体，让用户舍不得离开你

所谓自媒体，简单来讲就是指私人传播者借用现代电子化手段将自有的规范、非规范信息传递给特定或非特定的人。

自媒体有许多优点。第一，平民化、个性化。每一个平凡的个体都能成为信息传播的载体，写自己想写的，说自己想说的，通过互联网来表达自己的观点和心声，传递自己的喜怒哀乐，构建自己的社交网络。第二，

门槛低、易操作。电视等媒体的运作是非常复杂的，并且需要投入大量的人力、财力。创办这些媒体的门槛很高，一般人是无法做到的。而自媒体的出现解决了这个问题，普通人借助互联网就能打造属于自己的“媒体”。第三，交互性强、传播快。得益于互联网的特点和优势，自媒体不受时间和空间限制，可以实时传播，快速得到受众的回馈。

因此，自媒体是普通微电商实现自我信息快速传播的最佳方式。那么，微电商如何做好自媒体运营呢?

（1）**找准传播平台**。自媒体的传播平台有很多种，如QQ空间、百度贴吧、各种论坛、微信朋友圈等，只有在这种大量人员聚集的地方才能获得更多被关注的机会。

（2）**找准方向**。俗话说：“方向不对，努力白费。”因此，选择比努力更重要。做自媒体也一样，要找准方向。如果方向不对，即便你分享的内容再有价值，也得不到人们的关注。

微电商做众筹的例子比比皆是，微电商自媒体人杨瑨就是通过众筹的方式一举成名的。杨瑨运用自媒体，对自己十分看好的农产品春笋进行微电商营销。他给自己起了一个非常好玩的名字“瑨鲜生”，专注于打造微电商农产品“你好笋”，并在人人网发起了众筹项目“当下季节健康产品互联网体验店”。该活动一上线就备受关注，很快集齐了项目资金。2015年3月8日，中国微电商博览会在广州举行，众多微电商平台、微电商服务、微电商技术、微电商供货商齐聚一堂，杨瑨荣获了此次微电商大会风云人物奖项，成为了微电商界的明星。

（3）**学会讲故事**。要想使自己的品牌快速传播、深入人心，可以采用讲故事的方法。通过讲故事，微电商可以将产品的个性和特征更加形象、生动地传递给客户，让客户产生深刻记忆。

小米之所以能快速成为知名互联网品牌，除了产品质量过硬之外，还得益于他们懂得如何用故事在第一时间博得人们的关注。小米从用户着手，主动了解用户需求，通过收集用户的意见和建议，不断完善自己的产品和服务，才成就了今日的辉煌。这也成就了小米艰难创业的故事，才有了黎万强撰写的《参与感：小米口碑营销内部手册》。这本书虽然看起来像一本内部笔记，却生动、形象地讲述了小米一步步建立品牌和口碑的故事。这一个个故事是黎万强作为小米创始人的亲身经历，也是小米品牌、小米生态系统、小米粉丝群体逐渐建立的见证。故事打动和影响了一群群富有极客精神的小米粉丝，促进了小米品牌的二次传播，让更多的人认识了小米、关注小米，成为了小米的粉丝。

那么，如何才能讲出一个好故事呢？

（1）**阅历要丰富**。没有丰富阅历或者没有亲身经历各种事的人，讲的故事很可能是空洞、乏味的。而那些阅历丰富的人讲起故事来，可以让听众产生身临其境的感觉。

（2）**涉猎要广泛**。只有广泛涉猎各个行业，了解各行业知识，才能讲出更精彩的故事。

（3）**素材要真实**。要把最真实的经历作为故事素材，融入自己的真情实感，这样讲起来才能更加细致、更加真切。

（4）**思想要鲜明**。这里所讲的思想鲜明，主要是指故事的主人公在做事时不断努力，具有鲜明的奋斗目标。

（5）**重点要突出**。讲故事切忌记流水账，这样会给人一种索然无味的感觉。要重点突出、主旨明确，要知道自己讲述的故事中心思想是什么，并将重点体现出来。

（6）**要善用数据**。数据相比文字更具有说服力，在讲故事时要记得加入相关的数据信息，这样可以使故事更具有真实性和说服力。

虽然做微电商的终极目标就是赚钱，但是也不能图一时的小利，丢掉了长远的大利。做微电商就要懂得细水长流的道理，要耐得住寂寞，持之以恒，要有坚定的执行力，只有这样才能将微电商做大做强，实现长久盈利。

设计出彩的文案，第一时间吸引别人眼球

做自媒体少不了精心设计文案，但是，目前微电商自媒体的文案创作普遍存在几个问题：第一，很多微电商新手都是采用复制粘贴的方式抄袭别人的文案，千篇一律，没有任何新意，很难给用户眼前一亮的感觉，更不用说吸引用户了；第二，不少微电商一周甚至两周都不会进行更新，不能持之以恒；第三，很多微电商没有专业的文案人员，所设计的文案属于“自产自嗨”型，粉丝对其内容并不买账，点击率很低。

针对以上问题，我们不难发现，做微电商一定要下功夫设计独特、新奇、出彩的文案，这样才能在第一时间吸引用户的眼球。

那么，如何才能用平凡的文字设计出超凡脱俗的文案呢？

（1）**找准主题**。找主题是设计方案最基础的一步，也是最重要的一步。所找的主题一定要在突出产品特点的前提下符合客户的口味，要能够

想客户之所想、急客户之所急。在做文案之前一定要想清楚，可以给用户带来什么样的价值，用户会不会买账，会不会将文案分享给他人，等等。只有能够让客户从文案中找到自己所需要的有价值的东西，才是好的文案主题。

（2）**选好标题**。标题是文案最为醒目的部分，因此要将标题取得出类拔萃，才能抓住用户的视线，令用户与你所表达的内容产生共鸣。有的时候，需要写一个副标题对主标题进行补充说明。但要注意，副标题只是起配角的作用，切勿抢了主标题的风头。

（3）**写好内容**。如果说标题是一场音乐剧的前奏，那么内容则是这场音乐剧的剧情。因此，内容是文案的重中之重，一定要丰富、独特，让人看后有一种过目不忘的感觉。

写文案内容时要注意以下几点。

1. 要好玩、有用

只有好玩、有用的东西才能引起用户的关注，才能让他们有继续读下去的意愿。

以下这个文案简洁、精悍，就给人一种好玩的感觉。文案的主题是“夏天来了，减肥大过天”，然后引出产品“饭饭熊”“捣梅熊”，说明这些产品具有减肥功效。此外配上好玩又萌的动物图片，以引人注意（见图 5-1）。

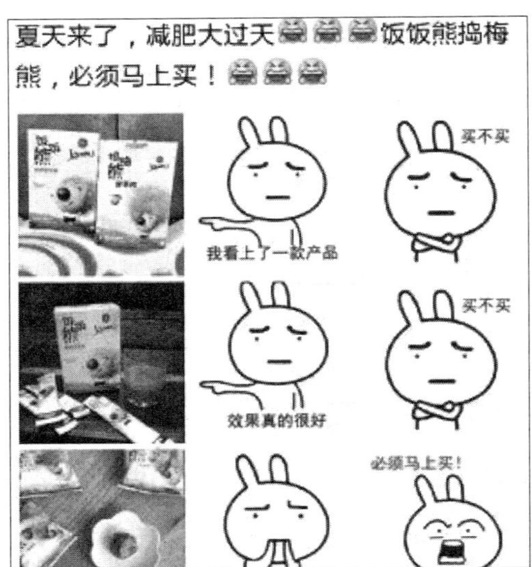

图 5-1 “饭饭熊”“捣梅熊”的有趣文案

2. 要抓住热点

借助热点写文案也是一种“借势营销”的手段，企业可以抓住时下最受关注的热点新闻事件，再结合产品进行宣传。这种营销方式的优势是企业可以借助外力来构建营销环境，吸引粉丝关注，进而达到产品推广的目的。

朝阳大悦城曾推出过一篇题为“全球最火真人秀——‘梵高’去哪儿”的文案。该文案就是借助当时最火的真人秀节目“爸爸去哪儿”来设计的，大悦城将“爸爸去哪儿”与自己的产品“梵高艺术展”相结合，进行了借势营销（见图 5-2）。

图 5-2　朝阳大悦城的借势营销文案

3. 要观点独特

在大部分人对一件事情持相同观点时，如果你能够提出独辟蹊径的观点，即使有可能会遭到攻击，也会获得诸多人的关注。实际上，大多数人对一件事的观点并不能代表所有人的观点，肯定会有与你持相同观点的少数人存在。但是，他们往往怯于打破常规，因此不敢大胆地表达自己的心声。当这类用户发现你的观点和他的正好一致时，必然会大力支持你，成为你的忠实粉丝。

4. 要善于联想

写文案时要将文案内容由表及里地逐渐渗入到用户心里，找到产品与用户的连接点，让文案更有灵魂和思想。

5. 要围绕用户

写文案时一定要从用户的角度出发，围绕用户关心的问题来写。

微电商遵循以上几点就能够设计出精彩的文案，吸引用户的注意，进而一步步“俘获”用户的心，将他们转化为你的粉丝，最终为你的微电商事业带来美好的“钱”景。

【经典微电商文案赏析】

文案一（护肤品）

这么多年了，一直有一个问题萦绕在我心头。那个沙和尚担子里挑的究竟是什么东西？如果是衣服，这四人从没换过衣服；如果是食物，可每次吃饭都是大师兄去采野果或化缘；如果是经书，他们不就是去取经的吗？后来，看到这一张张脸，我终于明白了，原来装的是护肤品！历经九九八十一难、十万八千里不变的是脸啊！可见护肤品是多么重要！

文案二（面膜）

一个女孩让一个男孩在楼下等她100天就嫁给他，结果那个男孩在第99天时微笑着离开了。有人问他：“你坚持了这么久，眼看就要成功了，为什么在关键时刻离开？”男孩解释说：“我开始都没想到自己能坚持这么长时间。后来我想，既然我有这么大的毅力，为什么不去做微电商，销售面膜呢？”

重视互动，营造良好的朋友圈氛围

微电商自媒体运营也要重视与粉丝的互动，通过互动可以增进彼此之间的感情，建立相互之间的信任，营造愉悦的氛围，提升粉丝的忠诚度，为微电商营销打下坚实的基础。

那么，做自媒体应当如何与粉丝互动呢?

1. 活动要个性

在朋友圈进行互动时，互动的主题要有个性才能吸引人。如果没有任何新奇的元素融入其中，势必让人感觉枯燥、乏味，参与互动的人也会缺乏激情，很难实现互动的目的。

（1）**内容要个性**。互动的内容一定要新颖独特，切勿照搬以往互动的程序和内容。因为没有新意的互动内容，就无法激起粉丝参与的热情。

（2）**语言要个性**。互动的时候少不了开场白和结语，这些语言要有自己的个性，要形成自己的风格，让人一下子记住你。

很多自媒体名人都有自己特定的语言风格。例如，著名的自媒体人鬼脚七，其语言自然朴实，偶尔深沉，偶尔文艺；菜头的“槽边往事”和池建强的“Mac talk”，语言风格也非常鲜明，其中“槽边往事”的语言比较口语化，而“Mac talk”则像是在跟朋友面对面谈话一样（见图 5-3）。

槽边往事

怎样和餐厅服务员打交道

原创 2015-08-27 和菜头 槽边往事

关于汤泼顾客这件事情，网上像屎一样的讨论太多了，我尽可能简短写，你也尽快看。

如果你仔细观察过生活，稍微了解一点世情就会知道：普通餐馆的服务员流动性非常之大。为什么？因为普通餐馆是低技能年轻人来大城市的第一站，这里门槛低，工资不高，但是能提供两餐饭，甚至还可以提供住宿。于是，工作一段时间可以带来结余。

MacTalk

距离最有前途的互联网职位还有多远？

2015-09-15 MacTalk

周末写了一篇 iOS 9 相关的文章，再一次，由于拖延症，木有写完，对此我表示很心安理得。今晚忙完工作之后，眼见着就写不完了，我感到一丝丝绝望慢慢涌上心头……突然收到这篇职业分析相关的文章，就发它吧。

图 5-3 语言个性的自媒体人

2. 定位要明确

开展互动，要明确定位，划分参与互动的人群。例如，是朋友圈中的元老级别粉丝、全部粉丝还是新粉丝，要根据互动的内容定位参与人群。

3. 氛围要热烈

做互动的目的，就是为了营造朋友圈热烈的氛围。如果有人评论，一定要及时回复，切勿冷落了参与者。此外，自己也要参与互动，积极讨论话题，让互动更热烈。

自媒体互动的形式有哪些呢?

（1）**猜谜游戏**。每个人都有好奇心，都比较喜欢参与猜谜游戏，如果能够猜对也会产生一定的成就感。

（2）**随意竞拍**。微电商自媒体可以拿出自己比较珍贵的产品进行竞拍，但竞拍的目的并不是为了赚钱，而是通过互动来了解用户对该产品的认可及喜爱程度，从而决定自己是否需要进入该产品销售领域。这种方式实际上比微电商商家自己在朋友圈发产品广告的效果更好，更能引起人们的兴趣。

采用这种互动形式时，发起人要注意几点：第一，产品的竞拍价要尽量定在低价位，价位过高会使参与人数减少；第二，发起人要每隔一段时间就将最高价公布，便于后边的竞价人继续竞拍；第三，将当前的最高价以及其他竞拍价格用截图的方式发布在朋友圈内，目的是证明本次竞拍活动的真实性；第四，到了截止时间要将最终的竞拍结果公布。

（3）**设置虚拟人物**。虚拟人物的萌态能吸引众多粉丝，利用虚拟人物带来的亲切感，可以拉近微电商与粉丝之间的距离，让粉丝更加喜欢你和你的产品。利用虚拟人物进行互动还可以摆脱普通产品广告那种呆板、生硬的感觉，是一种让粉丝快速对你产生好感的有效方式。此外，还可以借助虚拟人物开展一些抽奖形式的互动。

（4）**制作明信片**。可以与粉丝达成共识，让粉丝将自己的照片和想说的话一起发送给你，然后为粉丝打造专属的电子明信片，并在朋友圈开辟图片墙，将这些明信片装点在图片墙上。粉丝可以将贴有自己精美明信片的图片墙转发给自己的好友，通过分享让更多人知道你和你的产品。

微电商自媒体离不开互动，互动是一种实现与粉丝高效沟通的手段，通过互动可以营造良好的朋友圈氛围，快速提升品牌知名度，是微电商培养品牌美誉度、客户忠诚度的一记“杀手锏”。

第六章　让红包开路——微信红包新玩法

本章重点导读：

☆ 微信红包具有简单、迅速、私密等特点，融互动性、游戏性、趣味性、随机性于一体。抢微信红包，既是一种休闲娱乐的方式，又可以增进彼此间的关系。因此，微信红包的实质就是“钱＋社交＋游戏”，微电商也可以利用微信红包进行营销。

☆ 微信红包具有巨大的社交价值和商业价值，正是鉴于这两方面的价值，才使得微信红包成为了微电商的得力营销手段，帮助微电商实现了价值营销。

☆ 2015 年，微信红包风生水起，一场红包派发游戏带动了全民狂欢。借着这场盛大的微信红包派发活动，微电商也将微信红包引入了营销领域，也因此收获了一系列的效益，包括广告效益、吸引粉丝效益、经济效益和社会效益。

微信红包的实质＝钱＋游戏＋社交

2015 年，抢微信红包成为了最火爆的娱乐方式，这还要得益于 2015 年春晚“微信红包摇一摇”的活动。2015 年，微信与春晚合作，通过“摇一摇”让用户摇到金额随机的红包，让全国观看春晚的微信用户都一起动了起来，实现了“全民摇一摇”。除夕当天，微信红包发放总量达到了 10.1 亿次，微信红包一举走红。

2015 年春晚之后，微信红包备受热捧，广大微信用户纷纷玩起了红包，这也为微电商利用微信红包开展营销活动做好了铺垫。

微信红包简单、迅速、私密，融互动性、游戏性、趣味性、随机性于一体。发微信红包，既是一种休闲娱乐的方式，又可以增进彼此间的关系。因此，不难看出，微信红包的实质就是“钱 + 社交 + 游戏”。

现在，微电商也开始利用微信红包进行营销。很多企业在制订营销计划时都会将微信红包考虑在内，所带来的营销效果是非常不错的。因此，微信红包能够在微电商营销中屡试不爽。

（1）**钱——巧用“见钱眼开”的心理**。微电商派发微信红包恰好抓住了人们爱财心理，通过抢红包来实现互动，吸引人们的关注，提升微信好友及粉丝的活跃度。

（2）**社交——微信社交关系网威力无比**。基于超过 8 亿的微信用户群体，每个人都是微信社交的节点，每个节点上又呈放射状牵连着众多微信好友，每个好友同样是一个节点，这样就循环往复、错综复杂地形成了一个社交关系网。一个节点发出信息，其微信好友都可能将其信息传播出去。每个信息接收者也是一个传播者，为信息的二次传播打好了基础。假如每个微信用户有 200~500 个好友，那么二次传播就会对 4000~250 000 个人造成影响，这样得到的关注量就非常可观了。如果你给这个拥有 200~500 个好友的微信用户发红包，让他愿意为你转发产品信息，二次传播影响到的4000~250 000个人都来买你的产品，那么你的产品销量也就高得惊人了。因此，微信社交关系网的威力是非常强大的。

（3）**游戏——游戏激发传播欲望**。对年轻人而言，游戏无疑是最能刺激其传播欲望的方式，尤其是在游戏过程中融入钱的因素。抢微信红包能让人产生一种兴奋感，随机发放的红包金额也不同，因此每次抢红包都能给人带来懊恼、喜悦，并且能创造话题，由此激发用户主动分享和传播。

目前，微信用户数量每年均呈快速增长的趋势。据统计，2015年微信用户数量已经达到了8亿人，其中活跃用户数量达到了5.49亿人，这是一个非常庞大的群体。所谓“人多力量大”，如果通过游戏激发传播而获得粉丝，让这5.49亿活跃用户全部成为自己的粉丝，那么做微电商何愁不赚钱呢?

微电商正是抓住了微信红包的这些优势，通过将钱融入游戏来实现社交，最终获得收益，这也是2015年微电商利用微信红包盈利的新玩法。

具体操作方法如下。

（1）**调控、升温，促成活跃的互动**。这一步其实是预热阶段，在该阶段要明确派发红包的由头。一方面，可以是为了回馈新老客户而发。选择合适的时间，通过群发放出“为了回馈广大新老客户及粉丝，决定大力派发红包，开展抢红包活动”的消息，每天在能够让更多人看到的时间点滚动发送，尽可能让更多的人看到你派发红包的消息。另一方面，呼吁新老客户及粉丝推荐好友加入微电商群，将红包作为回报。凡有客户或粉丝推荐其好友加入微电商群并附截图，便可获得不定金额的红包作为报酬。

（2）**微信红包作为先行者，为微电商营销开路**。接下来要做的就是履行承诺，在约定好的时间发放红包。派发红包时要注意，派发红包的目的是为了让更多人关注你，而不是为了让每个人都能得到红包。因此，派发金额要适度，要在自己营销计划范围内，但也不能太少，太少会让人觉得小气，反而会让抢红包的人产生一种负面情绪；派发红包数量要适当，以免出现单个红包金额非常少的情况。

（3）**利用激励刺激因素，鼓励主动购买**。实际上，微电商派发红包的资金来源于客户消费时所获得的利润。如何才能让抢到红包的人、没抢到红包的人继续在你的店里消费呢？这就要充分利用刺激手段来鼓励他们主动购买产品。通常来说，在发送完红包之后最好发出产品广告来引导消费。

引导消费的方式有很多种，以下介绍几种常用的方式：

◎ 满减活动；

◎ 买赠活动；

◎ 返券活动；

◎ 折扣活动；

◎ 满抽奖活动；

◎ 限时低价活动；

◎ 限时限购活动。

微信红包营销的巨大价值

2015 年春晚微信红包走红，如今它已经被应用到营销领域，成为了一种营销手段。

微信红包具有游戏化、互动性、利益共享的特点。

（1）**游戏化**。爱玩是人的天性。微信红包引入了游戏元素，并且抓住了人们对稀缺资源的渴望心理，通过一个“抢”字，引爆了抢红包的狂潮。抢到红包金额的多少，完全靠抢红包人的手气，这就激发了人们对红包的渴望、好奇和期待，也提高了客户的活跃度和参与度。对微电商来说，发放红包可以让自己和抢红包的人双赢。

（2）**互动性**。做任何产品和服务的营销，都少不了互动，缺乏互动就会降低对客户的吸引力。只有客户享受到了人性化的呵护，你的品牌才能形成良好的口碑，让客户愿意主动推荐自己的朋友成为你的客户。这种互动的做法其实比你单靠发广告吸引客户更有效，更容易得到客户的认同和接受。

（3）**利益共享**。所谓利益共享是指作为客户，可以通过抢红包获得实实在在的收益；作为微电商，可以通过让出很小一部分利益吸引消费者，进而盈利。这样不但获得了客户的心，还增加了客户黏性。发微信红包这种营销方式也存在一定的风险，因为并不是所有人都能够按照你的预期来行动，达到你的营销目的。我们要有“舍小利为大利”的意识，即便是有风险、有损失，但是总体上来看还是有利的，微信红包可以为后续盈利打下良好基础。

微信红包的以上特点，也决定了其具有以下两方面的巨大价值。

（1）**社交价值**。智能手机的出现，引发了“低头族”的诞生。这些“低头族”整日不停地翻看手机里的各种内容，这也为微电商利用微信开展营销创造了条件，而微信红包也成为了微电商使用的最为吸引人注目的手段。

著名社会心理学家马斯洛提出的需求层次理论把社交需求作为第三层需求，放在了生存需求和安全需求之上，之后才是尊重需求和自我实现需求。由此可见，社交需求在人们心里的重要性。微信红包正是利用了人们的这种心理，通过“游戏—实现互动—获得利益”促进情感交流、提升社交价值，这也正是微电商的营销策略。抢红包就是抢彩头、拼手气，红包一发，群友趋之若鹜地一哄而上，那种兴奋感和愉悦感可以增进群友与微电商之间的感情，因而微信红包具有极高的社交价值。

2015 年，微信红包的一个亮点就是普通微信用户可以和明星用户进行发红包互动，普通微信用户可以给明星塞红包，表示对明星的支持，其他用户在抢到红包时也会显示出该用户和明星的亲昵度、对明星的关注度。目前，已经有 200 万普通微信用户给明星用户塞钱，其中给范冰冰塞钱的用户达到了 7 万人。通过微信红包功能，明星们获得了广大粉丝的支持，粉丝们也从红包游戏中享受到了乐趣和实惠，通过微信红包增进了明星和粉丝之间的亲密度，而明星也换来了更多新粉丝的支持。这也正体现了微信红包的社交价值。

（2）**商业价值**。目前，微信已经成为众多商家开辟的营销新战场。据统计显示，2015 年第一季度，微信用户已经覆盖中国 90% 以上的智能手机用户，面对如此庞大的用户群，背后的商机也是无限的。

通过微信红包获取营销价值，就是要借助微信拥有的庞大用户。这正是微信红包的商业价值。

姜晓龙是一位“80 后”创业者，目前是哈尔滨亮眼神瞳生物科技公司的电子商务经理。他的营销思路就是通过微信红包来拓展市场。首先，他在朋友圈发出自己的产品信息，并附上“点赞有惊喜”来吸引人们的关注。没过多久，就有100多人点赞。这时候，姜晓龙就履行承诺，向每个点赞的人发放了8.8元的红包，并且趁热打铁地跟对方说自己有很多护眼产品方面的问题请教对方，请他们把自己拉进相关的微信群。当姜晓龙进入微信群中后，就主动出击，添加每一个人为自己的好友，说明自己的添加意图“想进行护眼知识方面的交流”，这样就获得了很大的潜在客户群体。随后，在搜集了不少护眼知识以后，姜晓龙将这些知识在朋友圈分享，主动设置话题，吸引了众多人的参与、互动。经过一个月的话题分享，吸引潜在客户，姜晓龙为接下来的护眼产品营销打下了坚实的客户基础，做微电商也就水到渠成了。由此可见，发微信红包来吸引人们的参与是这当中关键的一步。微信红包为姜晓龙日后微电商营销的成功开了个好头，奠定了基础。

微信红包所带来的连锁效益

2015年，微信红包风生水起，一场红包派发游戏引发了全民狂欢。借着这场盛大的微信红包派发活动，微电商也将微信红包引入了营销领域，进而产生了一系列的效益。

1. 广告效益

派发微信红包不但可以吸引更多人关注，增加粉丝量，还可以间接地产生广告效益。一方面，在派发红包之前先造势，可以让更多的人进行宣传，拉拢更多的人前来参与；另一方面，不论是否抢到红包，大家都对派发红包之人给予了一定的关注，并且会将活动分享给自己的亲戚、朋友、同事，推荐其好友加入，进而他们也会关注你和你的产品的动态。这其实就是一种广告式的口口相传，也就是所谓的二次传播。

2014 年 2 月 14 日是我国的元宵佳节，也是西方节日情人节。无锡一家公司打算在 2014 年元宵节当天全城派发微信红包，于是在 2 月 1 日在官方微信平台发布了派送红包的消息，单个红包金额最高可达 200 元，中奖率 100%。消息一经发出，在短短的 4 小时后 16 个微信群（共计 1600 人）就全部爆满。此外，还有许多微信用户挤在官方微信群外望眼欲穿。相关数据显示，2 月 13 日当天转发朋友圈的用户数量达到了 10 000 人。由此可见，微信红包的广告效应是非常强大的。

2. 粉丝效益

做微电商，发红包的主要目的就是吸引粉丝。尤其是对于新晋行业的微电商来说，非常需要一批种子用户。吸引粉丝的方法有很多，比如关注有奖、转发有礼、参与赠送等，但利用微信红包来吸引粉丝是一种非常奏效的快速吸引粉丝的方法。

2014 年 2 月 14 日当天，无锡的这家公司进行了“双节抢微信红包”活动。活动开始后半小时，所有红包就被一抢而空。在短短的两小时内，这家公司的新增粉丝量突破了 10 000 人。发微信红包的这种“看得见的红利”点燃了人们的参与热情，吸引了人们的广泛参与，使得微信红包成为了吸引粉丝的最佳途径之一。

3. 经济效益

对普通微信用户来说，发红包很多时候是为了增进好友之间的感情。而对微电商来说，发红包不但可以吸引粉丝，还可以给自己带来可观的经济效益。

大悦城每年都会举办“疯抢节”，并在这一天派发红包，吸引更多人的关注。2015 年 9 月 19 日，朝阳大悦城迎来了第五届“疯抢节”。在这一天，大悦城一共向外派发了 50 万元的现金券（见图 6-1）。此次现金券派发活动吸引了更多的人前来消费，单日消费额突破了 3 亿元，每日客流量持续保持在 15 万左右，使得大悦城在当天收益颇丰。我们来算一个简单的算术题，大悦城一共派发了 50 万元现金券，而单日消费收益突破了 3 亿元，远远大于派发现金券的金额。仅在活动第一天，大悦城就获得了巨大的经济效益。

图 6-1　大悦城疯抢节

4. 社会效益

微信红包在带来广告效益、粉丝效益、经济效益的同时，必然会产生巨大的社会影响，进而带来巨大的社会效益。

2015 年 8 月初，苏宁就全面开始规划“818 大促”，计划在 8 月 18 日当天以用户体验为核心，发起一场全品类、全渠道、全区域、全天候的“百日会战”，并且通过微信平台派发了 18 亿元的店庆微信红包。该红包不但可以自己领取，还可以转发给自己的好友。根据好友领取红包的多少，该用户还可以获得金额累计的奖金红包，最高金额可以达到 818 元。苏宁此次的红包派发也因此被业界誉为“史上最给力的红包”。该活动一方面吸引了众多消费者，使得资源得到了合理配置；另一方面消费者购买产品，生产商就可以获得足够多的利润，进而有资本继续生产更好的商品来满足消费者的需求，形成了一个“生产—销售—获利—生产”的良性循环，推动了经济的发展，带来了巨大的社会效益。

第七章　建立社群，引爆微信营销

本章重点导读：

☆ 社群文化在微电商营销中起着举足轻重的作用，我们要重视社群文化的建设，只有拿捏好社群文化，才能在微电商营销的路上顺风顺水。

☆ 结合运用八大“养群”秘诀，微电商的事业必定能够蒸蒸日上，最终干出一番大事业。

☆ 微电商要想做好品牌营销，重点还是要打好感情牌，熟练掌握经营社群的九大方法，并对禁忌多加注意。

☆ 现在，社群经济已经渗透到了人们的生活中。微信营销便是社群经济下的一种营销手段。社群经济在移动互联网时代引发了微信商机，引爆了微信营销。

不可忽视的社群文化建设

社群，简单来讲就是一个群。社群具有特定的组织形式，通常是具有相同爱好、需求，或者因一个人而聚集在一起。这个群具有鲜明的社会关系链、一致的群体意识、强效的行为规范、持续的互动关系、一致的行动能力。社群的出现正是“人以类聚，物以群分”的最好印证。然而，每个社群都有自己的文化，社群成员的群体意识便是社群文化的一种体现，也是社群成员的兴趣、情感、利益一致化的表现。

在移动互联网时代，移动智能设备已经成为人们生活中必不可少的一部分，移动互联网的特性使得传统人际关系受到了影响。

社群的特点较传统人际关系具有以下特点。

（1）**相互联系**。虽然社群是在社群成员的共同兴趣、爱好、利益的基础上建成的，但是社群并不是一个闭合的圈子，而是互联互通的。如果将社群中的每位成员看作是一个点，那么这个人又与多人相联，这样就形成了一个以单点（成员）为核心的放射性社交关系链，而社群中的每位成员都是一个点，由此就形成了一个庞大的社交关系链，进而导致社群的多元化。比如，一位微电商创业者非常喜欢野外探险旅游，一方面他会为了盈利而加入微电商圈，另一方面也会为了满足自己的爱好加入驴友群。因此，他一个人将不相干的两个社群联系在了一起，而社群中的每位成员又将无数的社群联系在了一起。

（2）**相互融合**。基于社群互相联系的特点，再加上社群有大小之分，通常一些小社群会逐渐向大社群靠拢，最终被大社群同化，甚至被大社群吞并、融合。当社群人数非常多的时候，很多基础成员就会失去存在感，因此他们就会向更适合自己的、更能体现自身价值的社区流动。久而久之，原来的大社群就会逐渐走向消亡。因此，社群具有相互融合的特点。

（3）**不断更迭**。社会是在不断进步的，社群作为社会发展到一定程度而诞生的产物，也会随着社会的发展而不断更迭。在微电商出现之前，电商是当时最为火爆的，如淘宝网。如今，社会发展进入了一个全新的阶段，一种全新的营销形式也随之诞生，这便是微电商。微电商圈子实际上就是对传统电商圈子的一种更迭。

社群的特点具有普遍性，微电商圈基于以上特点，也逐渐形成了自己的社群文化。

微电商社群文化是指微电商粉丝群体中表现出来的兴趣爱好、价值观、行为方式。微电商的社群文化是在消费基础上形成的文化。微电商社群文化具有以下三个特征。

（1）**参与性**。微电商粉丝消费的重要表现就是参与。所以，参与性是微电商社群文化的首要特征。粉丝通过参与让自己与喜欢的事物更加亲密，他们乐于花费时间和精力将自己的意见和建议反馈给对方。

小米十分注重社群文化的重要性，也十分善于利用社群文化，让用户能够积极主动地参与小米产品的创新。让用户参与产品的设计和研发，一方面可以获得用户需求，调整研发方向，生产出更能满足用户需求的产品；另一方面这种参与活动本身表明小米和用户是站在同一角度的，这样可以从侧面提升用户对小米的认同，使小米和用户之间建立起一种更加亲密的朋友关系。

小米调动所有用户的积极性，让用户主动参与进来，使“产品研发从用户中来，产品销售到用户中去”。自从 MIUI（小米手机的操作系统）第一个版本诞生以来，小米一直坚持每周发布新版本，从来没有间断过，并且已经坚持了 270 多周。MIUI 的用户每周都可以通过论坛、微博、微信、QQ 等平台提出建议，并且通过投票的方式来决定产品功能的取舍。

（2）**崇拜性**。崇拜性是微电商社群的一种情感表现方式。

（3）**社交性**。社群成员之间相互交流、支持、互助，最终形成了忠实的伙伴关系，因此他们具有一定的影响力，具有一定的价值观。微电商社群也不例外。粉丝之间通过信件往来、互动、分享，使得彼此间的关系越来越亲密，由此建立起了一条具有相同文化特点的社交关系链。基于相同的价值观，在一位粉丝喜欢上某种产品时，他就会呼吁其他伙伴一起拥有相同的产品。

世间万物都有其两面性，优点的背后必然暗藏着缺点。微电商社群文化的社交性既可以带动销售，也可以阻碍销售。如果有粉丝对该产品不满意或者恶意诋毁，也会给其他伙伴带来负面影响，使他们对产品的认可度大大降低，该产品销量也将随之锐减。

综上所述，我们不难发现，社群文化在微电商营销中起着举足轻重的作用，我们要重视社群文化的建设，只有拿捏好社群文化，才能在微电商营销的路上顺风顺水。

“养群”秘诀

2015年，“社群”这个词成为了最热的关键词之一，受到了人们的热捧。事实上，“社群”这个词在很早之前就已经出现了，基于血缘的小村落也可以算作一个典型的社群。在互联网环境下，最早的社群是以百度贴吧、论坛、微博、微信等形式出现的。

前文已经讲到做微电商离不开社群，那么微电商社群究竟该怎么建立？

（1）**价值观相同**。社群与粉丝有一定区别，粉丝是你的追随者，社群是与你志同道合、价值观相同的人。因此，在建立社群时，一定要寻找认同你观点的人，这样他才会在你的微电商道路上助你一臂之力。

（2）**目标相同**。这里的共同目标还包括共同的纲领，只有有了共同的纲领，才能使对的人聚集到一起，才能有清晰的社群目标，才能拧成一股绳，才能为实现该目标共同努力奋斗。

（3）**协同工具要具有高效性**。在 PC 时代，计算机的协同性比较低，因此很难建立起社群。如今进入到了移动互联网时代，微信成为了实时交流的主要工具，具有很高效的协同性，因此建立微电商社群比较容易。

（4）**利益相同**。只有具有共同的利益，才能在同一件事情上达成一致意见，在实现目标过程中才能齐心协力朝着同一个方向努力。

（5）**行动一致**。一致的行动有助于快速实现社群的前景和目标，也有助于社群的稳步发展。

俗话说："打江山易，守江山难。"建立好社群之后，关键是要"养群"。那么，如何才能提升社群活跃度？

（1）**互动要持续**。互动可以加强你和伙伴之间的合作效率。通过互动来关心小伙伴，可以增进彼此之间的感情，使双方之间从合作关系逐步升华为朋友关系。互动要持之以恒，切勿三天打鱼两天晒网。

微信红包是一种能够增进互动性的有效方式。红包可以吸引成员踊跃参与抢红包游戏，从游戏过程中得到乐趣，达到互动的目的。此外，还可以组织有奖分享活动，向好友分享产品信息就可以获得一次抽奖机会。

小米曾经举办了一次赠送 F 码的活动。活动一开始就吸引了很多人的关注，凡是进入小米官方论坛，关注小米论坛的各种动态并参与活动就有机会获得 F 码。这也是一种通过参与、赠送来提升用户关注度的方式。

互动的目的是提升关注度。要想大幅提升关注度，关键在于互动活动的质量。目前，很多微电商已经开始利用高质量的活动来提升自己的影响力，无论是采用借势的方法还是自己举办抽奖活动或者返利活动，都要求活动要具有高质量。

（2）**建立归属感**。建立社群，要让每一位小伙伴都有一种家的归属感，只有这样，大家才会把社群当成自己的家一样去维护、去经营。

例如，社群内有小伙伴过生日，在生日当天你可以在社群里吆喝所有小伙伴为其庆祝生日，并为小伙伴送出精美的生日礼物。看到社群内有这么多人给自己过生日，还有众多精美的礼物，成员必然会对社群产生一种强烈的归属感。

（3）**制定社群运营规划**。做任何事情都要有规划，规划好社群互动的次数、时间、质量，此外还要结合线上线下共同发展，这样才能吸引更多的人参与，进而提升社群活跃度。通常情况下，社群活跃成员的数量至少要保持在 10%，这样才能保证社群的持续发展。当社群活跃成员数量低于 10% 时，社群将失去生机，整个社群会逐渐成为“死群”。

（4）**制定简单、清晰的目标，并逐级实现**。人在无所事事的时候反而没有乐趣，容易情绪低迷。相反，为自己制定的目标一直努力奋斗着的人，即便再苦再累，也是精力充沛、活力四射。要想让社群变得生机勃勃，你就应该为整个社群设立奋斗目标，这样才能使所有社群成员更加活跃。

制定的目标既要有长远目标，也要有短期目标。长远目标是比较大的、远期的目标，不是在短期内就可以实现的，这样的目标有利于社群成员活跃度的延伸与持续。但是，这种目标需要很长一段时间才能够实现。短期目标是指能够在短时间内就可以实现的目标。实现短期目标比较容易，一般花费时间比较少。每一次短期目标的实现都能激发社群成员的斗志，激励并坚定成员实现长远目标的信心。

请记住：只有将长远目标和短期目标相结合，才能让整个社群时刻处于“动”的状态，这个“动”便是活跃度。

（5）**树立好榜样**。在管理社群的同时，要注重提升自我影响力。带头为社群发展贡献自己的力量，为社群成员排忧解难，成为社群成员学习的标杆。

（6）**及时、正确的集体激励**。集体激励是指社群全体成员对某一位成员对社群作出的贡献给予激励。及时、正确的集体激励法，一方面可以让某一位成员在完成某项计划或目标的过程中对社群建设起到巨大的推动作用；另一方面可以快速通告全体成员，让作出杰出贡献的成员成为其他成员学习的楷模。这可以激发其他成员为社群奉献的积极性，并且提升其参与社群建设的责任心，引导其为社群发展奉献出自己的一份力量。

（7）**时刻保持正能量**。正面情绪和能量可以让人变得自信、乐观、积极向上，感觉生活充满阳光和希望，对未来充满信心。因此，你要经常向社群提供具有正能量的信息，让每位成员都成为阳光、乐观的人，这样他们就会对社群未来的发展充满美好的憧憬，更愿意为社群发展贡献自己的力量。

（8）**定期举行线下活动**。俗话说："线上一千年，不如线下一见面。"通常情况下，微电商比较注重线上活动，因此线上活动组织得比较多，而线下活动往往容易被忽略。其实，举办线下活动也非常重要的。线下聚会活动可以增进社群成员彼此之间的信任感，增进彼此之间的感情。

经营社群的方法与禁忌

如今，移动互联网时代风起云涌，接下来的风口将会是什么呢？在技术方面，很可能是大数据、云计算、物联网等；在行业方面，很可能是金融支付、远程医疗等；在硬件方面，很可能是智能机器人、可穿戴设备、智能家居等；在人的方面，一定是社群。

微电商要想做好品牌营销，重点是要打好感情牌。那么，微电商如何打好感情牌？

1. 与社群领袖建立良好的关系

要想在社群里站稳脚跟，首先要做的就是与社群领袖建立良好的关系。如果社群领袖不喜欢你，那么你就随时面临有被踢除的危险。如果你进入的是收费群，那么，除非你对社群的利益有损害，一般被踢除的可能性不大。

那么，该如何"收买"社群领袖？一方面可以通过给社群领袖发红包、送礼物等方式来与领袖建立良好的关系；另一方面可以通过赞美、拥护的行为来取悦社群领袖。当社群领袖发表了出彩的言论，你就要对其大加赞赏，让他觉得你就是他的忠实追随者，日后你在群内的活动将会受到领袖的关照。比如，在社群里发布自己的产品品牌广告时，社群领袖会帮助你宣传、推广。

需要注意的是，与领袖建立良好的关系，还需要深入了解领袖的兴趣、爱好，这样才更容易让领袖内心愉悦，切忌送领袖不喜欢或者厌恶的礼物，否则会适得其反。

2. 与活跃分子建立良好关系

仅仅与社群领袖建立良好关系还不行，正所谓利益均沾，你还要“搞定”社群成员中的活跃分子。一般做法是：进入社群之后，前几天内不要发表任何言论，而是要仔细观察群成员的动态，分析出哪些是活跃分子，哪些是普通成员。对于那些活跃分子，在他们互动的时候，你要站出来表达自己观点，进而引起他们的注意。此外，还要对他们所聊的内容加以赞赏，想方设法加他们的微信。

在加微信好友初期，要尽量频繁地在他们的朋友圈里露脸，给他们留下好印象，然后私下给他们发红包来笼络其心。通常情况下，社群内的活跃分子与社群领袖的关系不错，所以“搞定”这些活跃分子十分有必要。

需要注意的是，上面讲的只是一般情况，并不是所有活跃分子都说话有分量。微电商要培养自己慧眼识人的能力，仔细辨别哪些人是对你有价值的活跃分子。

3. 学会赞美他人

实际上，经营社群最重要的就是打感情牌，这考验的是你的情商。忠言逆耳，好听的话谁都爱听。笨嘴拙舌的人往往不受别人欢迎，那些口齿伶俐的人更受欢迎。

需要注意的是，说话也是一门艺术，我们要学会并掌握它。

4. 发放红包“炮弹”

俗话说：“舍得舍得，有舍才有得。”经营社群要大方慷慨，要舍得发红包。正所谓“拿人的手短，吃人的嘴短”，有时候发放红包能让你获得意想不到的收获。

有时候，发红包的多少能反映出一个人的实力。红包发得慷慨，人们自然会觉得你实力强大，自然有人愿意主动做你的代理。因此，发红包金额的大小也有一定的技巧。例如，有一位微电商创业者加入社群后，非常慷慨地向社群内发放了 1 万元的红包，结果第二天就招来了两个总代理，他从每位总代理处获得了 30 万元代理费。

需要注意的是，经营社群不能太吝啬，太吝啬就不会有人关注你。此外，发红包要把握时间、注意节奏。如果发放红包时间不适宜、在社群成员不活跃的时间段发放，收到的效果则是微乎其微的。发放红包时既不能间隔时间太短，也不能间隔时间太长，要合理把握发放时间。此外，发红包还可以进行定向发送，这种方式所产生的效果也很好。

5. 学会分享，体现自身价值

群成员之所以能够聚在一起组成一个社群，是因为他们具有一致的观点和行为。作为微电商，进入社群内你要学会与他人分享自己的观点，让大家都关注你，并且对你的观点表示赞同与欣赏，并将他们逐渐转化为你的粉丝。最终会有很多人非常乐意主动加你为好友，还会把你的观点发布到他的朋友圈内进行分享，免费为你主动宣传。这样一来，你很容易就得到了别人广泛的关注。这是宣传品牌的最佳途径。

需要注意的是，这种方式虽然对品牌宣传大有好处，但在分享个人观点之前，要与社群领袖事先打个招呼。这样做既是对领袖的尊重，又能获得领袖的大力支持。

6. 帮助别人同时也在帮助自己

通常情况下，人们只有在遇到困难时才会想到从别人那里寻求帮助，或者在别人的请求下才会帮助别人，而不会主动去帮助别人。要知道，你之前在别人困难的时候帮助了别人，别人在你困难的时候也会对你伸出援救之手。做微电商一定要懂得这个道理。

需要注意的是，你要学会主动给予别人帮助，说不定哪天你也需要他人的帮助。前期帮助别人实际上也是为后期别人帮助自己铺路。

7. 常互动，混脸熟

进入社群以后，你要经常在群里发起话题讨论或者组织互动活动，在社群中混个脸熟，让大家都能认识并记住你。要知道，通过话题讨论或者组织活动，你可以从侧面间接获得很多有用的资源，对你经营微电商有很大的帮助。

需要注意的是，社群是一个很好的资源库，如果你能有效加以利用，那么你将受益匪浅。

8. 找搭档互捧

做微电商的一个技巧就是在社群内找一个合拍的搭档，双方进行互捧。有时候，自己说得天花乱坠，不如有人站出来对你表示支持有力度。双方互捧可以实现互利互惠，实现双赢。

需要注意的是，你要选择适合的社群成员作自己的搭档，并不是所有社群成员都合适。通常情况下，社群内的活跃分子或者说话有分量的人是最佳选择。

9. 被人加，显“身价”

按照人们通常的心理讲，在别人主动向你索取的时候，你就会产生一种身价被提高的感觉。因此，做微电商要学会让社群成员主动加自己为好友，这样才能体现出自己高人一等的“身价”，具体方法包括社群分享、发放红包等。

需要注意的是，抬高自己的“身价”需要一定的技巧，学会揣摩别人的心理才能事半功倍。社群中的成员的性格各不相同，其中不乏一部分“高冷”人群，对于这部分人，你需要积极主动与他们互动。

社群经济引爆微信营销

移动互联网的出现推动了 O2O 的快速发展，传统电商平台也随着 PC

互联网发展放缓而呈现出流量下滑的局面。传统电商越来越难做，主要有两个方面的原因：一方面用户变现的成本越来越高；另一方面海量商家带来的激烈竞争使得价格越拼越低。因此，传统电商逐渐落入赔本赚吆喝的“陪跑者”的尴尬境地。这促使不少商家开始转型，尤其是淘宝上大量中小型商家开始寻求全新的发展方向。

就在这个时候，微电商借助微信平台的快速发展而一路蹿红，成为当下最后欢迎的营销模式之一。与此同时，社群也成为了当下最火爆的关键词之一，人们对其的关注度也一路攀升。尤其是进入 2015 年后，社群更是如雨后春笋般涌现，如小米的粉丝社群、罗振宇的《罗辑思维》、美甲的河狸家（见图 7-1）、吴晓波的读书会、李善友的研习社等，这些都受到了人们的热捧。

图 7-1 河狸家 APP 界面

例如，罗振宇利用自己的《罗辑思维》进行全国巡讲，其目的就是实现与企业更高层面的“连接”，从而帮助企业实现转型，这也体现出了社群的经济价值，进而形成了社群经济。由此可以预见，社群经济将成为改变我国未来经济模式的一大趋势。

现在，社群经济已经开始渗透到人们的生活中。社群经济在移动互联网时代引发了微信商机，引爆了微信营销，使微信成为了社群经济中的主角。

2014 年 7 月 23 日，广州成为了《罗辑思维》全国巡讲的第一站，罗振宇、脱不花、吴声为广大传统互联网企业揭晓了“玩 @ 公司”背后的秘密。此次巡讲主要是面向大型互联网企业。

此次巡讲的内容主要包括以下五个方面：

（1）拥有 220 万微信用户的超级互联网社群——《罗辑思维》崛起的秘密以及社群玩法第一次无保留披露；

（2）超级干货——互联网思维在传统企业落地实施的解决方案；

（3）首次披露多家传统企业在移动互联网时代实现生死穿越的奇葩案例与经验教训；

（4）传统企业如何与《罗辑思维》作乘法，打通自身微信生态的入口；

（5）中国最会玩互联网活动的《罗辑思维》核心团队首次集体亮相。

之后，罗振宇又带领自己的团队举办了六场全国巡讲：第二站成都；第三站上海；第四站深圳；第五站北京；第六站杭州；第七站南京。

微信营销离不开人与人之间的交流，成功实现微信营销少不了社群经济这一环节。

（1）微信营销的关键在于人与人之间的连接，社群经济是在影响力的基础上形成的经济。

前段时间非常火的锤子手机，它之所以能够受到如此疯狂的热捧，关键在于罗永浩的人格魅力吸引了一大批追随者，这批追随者对于罗永浩的崇拜正是社群文化的一种表现形式。罗永浩用其出色的口才以及强大的人格魅力让锤子手机在微信和微博中迅速占据市场，罗永浩的追随者形式的社群经济影响了众多微信用户，建立起了品牌和口碑，也成就了罗永浩的微信营销。

（2）社群源于微信平台，社群经济服务于微信营销。这里其实有种“艺术源于生活却又服务于生活”的意味。

一方面，社群是在微信的基础上形成的，微信为其提供了庞大的用户群，将具有相同目标、兴趣爱好、利益的人聚集在一起，组建成了一个社群。

另一方面，社群经济的品牌核心动力来自于“产品—服务—用户”，这正是社群经济为微信营销服务的一条主线。

如今，做产品营销要遵循一个万能公式：好产品 = 功能 + 情感。这一公式正是移动互联网时代真正高端产品的标配，在功能上附有情感才是真正符合消费者需求的好产品。

微信营销实际上最符合这个公式。社群在微信平台上建成，有了社群便有了人，随后社群经济便出现了，推动了微信营销的实现具体表现为以下两个方面。

（1）微信营销建立在微信平台基础上，这就决定了其拥有庞大用户群体源。有人的地方就会有市场，有市场必定会有产品，有产品必定会有其特定的功能。

（2）微信本身就是一种社交工具，社交需要人们投入情感，通过情感建立信任，之后向其他好友分享产品信息，使更多的人知道该产品，最终成就该产品的品牌和口碑，也就成为了人们口中的“好产品”。

这样一来，“功能+情感”成就了好产品，有了好产品自然就会有好利润。

所有的好产品都是为用户服务的，有了好产品、好服务，才能吸引更多的用户，也才能有更加可观的利润。这样，“产品—服务—用户”便形成了一个完美的闭环。

第三部分 维护篇

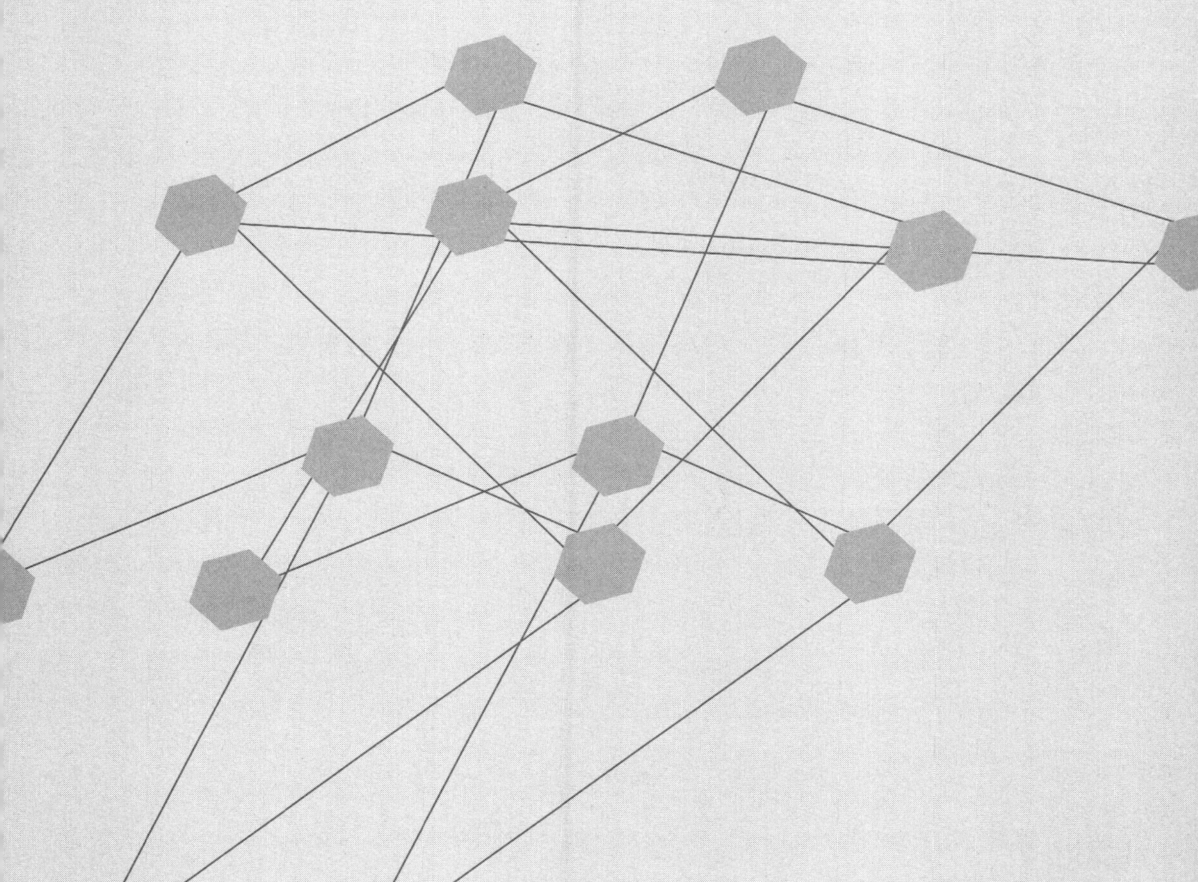

第八章　做好客户维护，让生意永续不衰

本章重点导读：

☆ 做微电商，最关键的是吸引粉丝，增加客流量，留住老客户。留住老客户，是微电商的必修课。留住老客户最好的方式是最大限度地将新、老客户集中起来到一个“池子”里。

☆ 加强对客户购买环节的维护，是微电商必须要做的。品质好的产品、细致入微的服务、满意的用户体验是留住客户的关键，因此购买环节对提高客户回头率具有决定性的作用。

☆ 微电商如果想通过获得巨大的经济效益来换取持续发展和长久生存，就必须维护好客户，因为客户是利润的来源。尤其要对客户在购买产品之后的维护给予充分重视。

☆ 只有精准地细分客户，才能使差异化成为可能，使提供的产品和服务更加具有针对性，也更容易让客户的需求得到满足。另外，对微电商而言，精准地细分客户是进行营销的基础，为微电商产品和服务的改进和完善指明了方向，也为微电商提供了更加广阔的盈利空间。

最大限度地将新、老客户集中起来到一个“池子”里

做微电商，最为关键的就是吸引粉丝，增加客流量，并留住老客户。留住老客户这是微电商的必修课。留住老客户有两方面的意义：一方面，实现二次购买，增加复购率；另一方面，通过老客户的品牌口碑传播引荐新客户。由此可见，留住老客户对微电商营销来说具有十分重要的意义，只有留住老客户，微电商才能快速盈利。留住老客户最好的方式就是最大限度地将新、老客户集中到一个“池子”里。

这里所说的“池子”是指流量池。所谓流量池其实就是流量的储蓄容器，实际上是为了防止有效流量的流失而设置的数据库。

首先，我们来分析一下建立流量池有哪些具体作用。

（1）**成本低、效益高**。通常，用不同方式可以达到同样目的的情况下，人们往往会选择成本低的方式来完成。流量池是网络成交行为中成本相对比较低的方式，借助流量池既无需花费较高成本，又可以高效达到储蓄流量的目的。

（2）**延长沟通时间**。人们在选择某件产品时，习惯货比三家，在同等条件下，人们往往会选择购买物美价廉的那个。建立流量池可以有效延长卖家与客户之间的沟通时间，从而有效挽留客户。

（3）**有效进行分流**。通过流量池可以将有效流量和垃圾流量区分开来，提高流量的利用率。

（4）**可以随时沟通**。有了流量池，就可以多次使用一次营销产生的流

量，可以随时和流量池内的对象进行有效沟通。

（5）**提高成交率**。在进行有效沟通之后，双方之间可以建立感情，增进彼此间的信任，从而提升购买欲望，有效提高成交率。

因此，微电商必须要建立流量池，以有效实现高额收益。那么，如何建立流量池？如何才能最大限度地将新、老客户集中到一个“池子”里？可以遵循以下三个步骤来完成。

（1）**建立多个账号**。微电商不能只建立一个账号，要利用多个账号才能高效地作出成果。因此，建立流量池首先要做的就是建立多个账号，可以先做一个主账号，再建立一些小号。主账号主要用来维护有效客户，小号的主要任务是聚集流量，因此，这里的主账号和小号实际上就是我们所说的流量池。

通常情况下，一部手机只能设置一个微信号，因此要想建立多个账号就必须安装一些软件来辅助完成。利用这类软件安装的微信为分身版（是相对于我们平常一部手机只有一个微信号而言的），这个分身版通常被称为“多开”。在手机只有一个账号的情况下，在PC端安装“微信共存版”的软件，之后再安装手机PP助手，该助手中有一个“多开”功能。接着开启微信版多开功能，通过数据线将手机和电脑连接，之后通过发压缩包的方式在手机上也安装微信多开版。这样手机在有了这个功能之后，就可以复制出更多的多开功能应用。

借助多开功能，每个微信应用可以登录一个微信账号。需要注意的是，企业应准备两部手机，其中一部手机用来经营主账号，另一部手机用来经营众多小号以吸引流量。这样一来，即便是小号因为某种原因遭到了封号，但并不会给主账号带来任何影响，也就不会影响企业的有效客户。

腾讯对被封微信号的四大类型作出了明确规定，具体内容如下。

①**具有外挂行为的微信号**。即未经腾讯书面许可就使用外挂、插件以及第三方工具等接入微信以及其相关系统的微信号将被列入封号行列。

②**具有刷粉行为的微信号**。包括未经腾讯书面许可就利用微信公众号、微信账号和其他第三方运营平台进行推广的微信号被纳入封号对象，但不包括刷“僵尸粉”、公众号互推、普通账号消息、附近的人、摇一摇、漂流瓶等的微信号。

③**具有诱导分享行为的微信号**。即通过利诱的方式，包括实物奖励、虚拟奖品等，诱导广大微信用户将消息分享在朋友圈的微信号将会被封号。

④**具有恶意篡改功能的微信号**。那些有目的性地对公众平台进行文字或功能篡改，给公众平台功能的原本用途或意义带来严重影响的微信号将会被封号。

（2）**快速吸引客户**。建立流量池的目的是通过流量池吸引更多的客户，从而为流量池增加更多的流量。快速吸引客户的方式有很多，如文案吸引法、互动吸引法、红包吸引法等，具体操作步骤已经在前文详细介绍过，此处不再赘述。通过这些方式，企业可快速将潜在客户吸引到小号上，在小号上大量聚集流量。小号吸引流量无需花费太多的时间、精力和成本，只要能大量吸进潜在客户即可。

（3）**小号向主账号导流，即将有效客户集中在一个池子里**。在吸引了众多潜在客户之后，流量池里必然存在有购买意愿和无购买意愿的客户，这时你要将有购买意愿和无购买意愿的潜在客户区分开来，将有购买意愿的潜在客户导入主账号，进而着重花费时间、精力、成本来经营主账号，这样就可以更加有效地划分经营范围、区分经营对象、提升成交率。

按照以上三个步骤，可以有效实现流量激增，也可以最大限度地将新、老客户集中到一个流量池中，使之成为目标客户群，便于日后精准营销。

加强对客户购买环节的维护

企业所有的经营活动都是为了满足客户的利益，如果客户无法受益，那么商家也就失去了存在的意义。要想在客户购买环节上加强维护，就必须要实现客户利益的最大化，这样才能抓住客户的心，将其牢牢地拴住，使其成为自己的老客户。

如今，客户的需求已经不像以前那样只要求买到质量上乘的产品，而是逐渐转向对产品以外的延伸——服务质量以及体验感受的追求。因此，2015 年被称为“品质微电商”。作为微电商，要想加强对客户购买环节的维护，需要从三个方面着手：第一是产品质量要过硬；第二是客户服务要细致；第三是用户体验至上，只有这样才能真正实现高品质。

1. 在产品方面，质量一定要过硬

如今，微电商借助移动互联网进行品牌销售，已成为一种最为新型、时尚的商业模式，它改变了以往的销售方式。但是在传统电商竞争激烈、实体店依然存在的情况下，微电商要想干出一番事业，开辟一片蓝图，首

先产品质量一定要过硬，如果不注重产品质量，最终会关门大吉。

微信带来了商机，造就了微电商。但是，有不少微电商不注重产品质量，衣服一穿就烂，鞋子一穿就断底，面膜一用就过敏，甚至还有过期产品……无生产厂家、无生产日期、无保质日期的“三无产品”屡见不鲜。即便产品如此，不少奸商逾越了商业底线，对消费者构成了一种欺诈行为，即通过在朋友圈晒出惊人的成交量、完美的买家秀等虚假信息来引诱消费者购买，致使不少消费者上当受骗。这样的行为必将面临法律的制裁，更何谈发家致富。

2015 年 4 月，中央电视台曝光了一款“激素面膜”。广西的一位文小姐在半年前的朋友圈里发现一款朋友用的非常不错的面膜，开始她只是对该卖家比较关注，后来发现卖家展示出了产品质检报告和众多买家秀以及好评，就对该面膜从心动转向了行动，于是就买了几片试用。拿到手后却发现该面膜是“三无产品”，没有包装盒、生产日期、生产厂家。询问卖家后，卖家解释说：“为了节省成本降低面膜售价才这么做的。”文小姐也没想太多，相信了这样的解释。起初使用产品时，文小姐觉得效果的确很好，但停用了一两天后，脸上就开始长痘，面部开始发肿。再次询问卖家，卖家的解释说：“个人肤质不同，导致了过敏。”文小姐脸上的痘痘越来越多，于是她去医院做了检查，结果发现自己患上了皮炎。文小姐再次询问卖家，结果卖家如人间蒸发一般消失了。之后相关检测机构对该面膜进行了化验监测，发现该面膜内添加了“皮肤鸦片”糖皮质激素，长期使用该激素会导致皮炎，甚至引起高血压。这样的产品，毫无质量可言，对消费者带来的伤害不言而喻。

2. 在服务方面，要细致入微

众所周知，创业最重要的就是要留住老客户，吸引新客户。据统计，一般企业的销售业绩中，80% 来源于老客户，20% 来自新客户。但是 60% 的新客户是通过老客户引荐而来的。由此可见，留住老客户对于企业来说至关重要。对于微电商而言，能否留住客户也是实现销售盈利的重中之重。要想留住客户，仅凭产品质量过硬是远远不够的，质量好只是微电商营销最基础的要求，还需要能够给客户带来细致入微的服务，让客户能够感觉到自己就是上帝，在内心产生一种尊贵感，进而对你产生好感，愿意成为你的忠实客户，愿意长久跟你合作，并愿意主动把你推荐给他的亲朋好友，让更多的人认识你、关注你，进而给你带来收益。

3. 在体验方面，用户体验至上

在移动互联网时代，用户在购买商品的时候有着多重选择，他们会放弃一个产品而选择另一个产品。因此，要想让客户能够放弃弱水三千，只取你这一瓢，关键是你要懂得用户体验至上的道理，并付出行动来设计切实可行的、高效的用户体验方法来满足客户的需求，进而达到用户愿意购买产品的目的。

作为国内领先的化妆品网站，聚美优品抓住了客户体验至上的用户心理，借助微信平台不断推出丰富的活动内容，实现了品牌优势到用户体验至上的转化，从而获得了近 4 万的粉丝量。聚美优品的企业微信号名为“聚美小美”，深受广大用户的喜爱，成为短时间内获取最多粉丝的微信号之一。用户可以直接扫描二维码进行添加，进而快速获取相关的美妆知识，是广大女性用户的最爱。聚美优品为用户打造了良好的用户体验，并在微博的推动下，将传统的刷朋友圈、群发的俗套方式全部甩掉，而是进行了全面创新，将趣味性、服务性活动融于微信互动，使微信成为了其广告宣传的载体，这样既满足了用户体验，又实现了大力宣传的效果。

在制定用户体验策略时，你要站在客户的角度，全方位地考虑用户可能产生的每一个行为，并且还要了解每个环节中用户想要达到的期望值。制定用户体验策略所考虑的重点应放在以下三个方面。

（1）**用户体验系统化**。用户体验实际上就是产品、服务给人带来全新的感官体验。然而在每个体验环节中，包括产品设计、产品成型、广告展示、服务模式、支付流程等，都是一个有机的结合体，而不是单独的一个概念，因此，只有将每个体验环节都融入用户的感受，将每个环节的工作都做到精益求精，才能让你的产品给客户带去自然、舒适的体验感受。

（2）**用户体验实用化**。既然是为了给用户带去良好的体验，那么就必须让用户感受到产品实用性。具有实用性和有价值的产品才是客户最需要的，因此没有实用价值的体验很难真正抓住客户的心。

雷军非常注重用户体验的实用性。他了解到，米聊有 200 万用户，其中 60%~70% 的用户是年轻人，且他们的使用活跃时间是上午 10:00~12:00，且他们真正的需求是娱乐，而不是通信。针对这样的现状，雷军逐渐完善了米聊，在手机通讯录的基础上建立了米聊 ID，然后通过这个 ID 来捆绑更多的社交产品。米聊的好友认证采取的是双向认证机制，这样可以很好地保护用户的隐私，让用户可以在安全的聊天环境里放心地畅所欲言。用户在填写注册资料时，可以通过填写资料的关键词，系统自动地进行好友匹配。之后，米聊和小米旗下的其他产品与MIUI进行完美的结合。正是雷军专注于用户体验的实用性，才激发了更多用户的购买欲望，才成就了今天的小米。

（3）**用户体验要有特色**。标新立异有时候所能达到的效果是出人意料的，因此做一些能够让用户感觉有特色的用户体验活动，不仅能给用户带去不一样的新鲜感，往往更能达到预想的或者超过预想的目的。

加强对客户购买环节的维护，是微电商必须要学会的。品质好的产品、细致入微的服务、满意的用户体验是留住客户的前提，因此购买环节对以后客户的回头率具有决定性的作用。

重视客户购买之后的维护

微电商如果想通过获得巨大的经济效益来换取持续发展和长久生存，就必须维护好客户，因为客户是利润的来源。尤其要对客户购买之后的维护给予充分重视。

企业要想在客户购买完产品之后进行维护，就需要先分析客户购买产品之后可能产生的行为。通常客户购买后的行为有以下三种。

第一种，分享行为。通过这次购买产品的体验，让用户感觉到自己就是“上帝”，享受到了上帝一般的礼遇，因此他会将这次的购物体验分享给周围的好友、同事及亲人。这种分享行为实际上是间接地给你做了免费广告，进而帮你拉拢了新客户。

第二种，回购行为。回购，即是回头购买。如果你的产品、服务、体验在前期购买环节中给客户留下了良好的印象，那么以后如果该用户对之前购买的产品或者相关产品有需求的时候，就会第一个想到你，会继续到你的店铺购买商品。

第三种，流失行为。如果客户在购买环节中对你的产品不满意，对你的服务不认可，没能感受到良好的客户体验，那么客户就不会再进入你的店铺购买产品，进而导致客户的流失。

要想避免客户流失，就必须维护好客户，这就需要你下一番功夫。

1. 良好的售后服务质量

售后服务是促进下次消费的良好促销方式，是能够保持客户持续消费的前提，也是一种营销手段，更是树立微电商产品品牌和商业形象的重要途径。优秀的售后服务是微电商提升竞争力的方法之一。因此，微电商不仅要销售产品，更要注重售后服务的质量。那么，如何才能提高售后服务质量？可以从以下四个方面着手。

（1）**规范售后服务标准**。要求售后服务人员用阳光般的温暖的话语、亲人般贴心的关怀全心全意地为每一位有售后需求的客户服务。即便是对方看不到你的表情，但是也能够从你无微不至地话语中感受到你的热诚服务。

（2）**提升服务人员素质**。与有需要售后服务的客户沟通时，售后服务人员要语言婉转文雅，要用“你好”“请问有什么可以帮到您”“请问还有什么需要吗”“谢谢您对本店的支持，我们将会为您做得更好”等话语。这些话都是从客户角度出发，客户时刻都能感受到售后服务人员的高素质，服务的高品质。切勿将个人脾气展现在客户面前，也切忌将自己的低落情绪传递给客户，这样会给客户带来负面影响，进而影响客户的回头率。

（3）**建立销售激励体系**。有时候，不能将所有的目光都放在对客户的购买激励上，也要对售后服务人员给予适当的关注与激励，让他们更有提高售后服务质量的信心，更有提升售后服务的热情。激励销售人员的最好方式就是压力与激励相配合。只有压力没有激励，压力就不会成为动力；只有激励没有压力，激励就不会形成动力。因此，要想激发售后服务人员的动力，需要这两个方面相互配合，这样才能达到事半功倍的目的。

（4）**健全售后沟通体系**。要有计划性、定期或不定期地对已购买过产品的客户进行回访或者意见征求，从而加强与客户之间的感情，从根本上了解客户的潜在需求，进而想办法为客户提供解决方案。这样可以与客户之间建立起信任关系，进一步促进客户的二次消费。

2. 建立客户档案

建立客户档案可以有效帮助微电商跟进客户，及时了解客户需求，并为客户提供最满意、周到的产品和服务，急客户之急，想客户之想，让客户对你逐渐形成依赖感，进而牢牢拴住客户，提高营销效率，扩大市场占有率，最终赢得市场。

（1）客户信息内容包括姓名、性别、年龄、爱好、性格、生日、家庭情况、职业、联系电话等。这些客户信息都是客户的最基本的一手资料，也是微电商实现老客户进行重复购买的起点。要想成功获取客户信息，要

求服务人员在售前、售中、售后每个环节与客户的谈话、访问中收集。

（2）成交信息内容包括购买产品的类型、规格、结构、材质、颜色、使用情况、购买价格等。这些信息可以帮助微电商更加了解每一位客户的喜好和需求，服务人员可以根据这些信息在客户二次购买时提供满足客户需求的产品，这样可以让客户觉得你就是他的知心人，进而更加愿意长期购买你的产品。

需要注意的是，一方面，客户档案管理要注意保持动态管理，由于客户的喜好可能会受到外界影响而改变，客户的家庭住址和联系电话等也有可能会变动，因此，要做好长期调整客户档案的心理准备，及时调整、补充客户资料；另一方面，要有效提高客户档案的利用率，让客户档案为你创造价值，创造利润，这才是建立客户档案的真正目的。

3. 时常保持联系，维护双方关系

达成交易并不意味着以后可以不再与客户联系。实际上，产品销售后与老客户联系得越多，越能增进和维护双方之间的感情。

（1）**把握好联系时间和方式**。联系客户时，不要给老客户带去一种被人骚扰的感觉，这样不仅不会增进彼此间的感情，反而会事与愿违，引来客户的反感。一般节假日的时候是联系客户的最佳时机，这个时间段内人们比较放松愉悦，客户在这个时候能够收到你发送的祝福信息会很高兴。

（2）**适量发放小礼品、红包**。在条件允许的情况下，发放小礼品和红包可以给老客户带来惊喜，让老客户觉得他对你来说很重要。此外，发放微信红包能够给微电商带来巨大的收益，前文已经进行论述过，此处不再

赘述。

2013 年 1 月 4 日，小米为了感恩老用户的大力支持，举办了一次 30 万元老用户回馈活动。当时有 60 万人在网上排队等候预定小米手机，等待最长的甚至等了 100 多天才拿到小米手机。小米为了向用户表达感恩之情，向 60 万老用户每人发放 50 元现金券，总计 3000 万元。该现金券没有任何条件限制，可以在小米网上购买任意产品。此外，雷军还要求自己的团队给每位老用户寄去精美的卡片，卡片上面写着小米对用户的感激之情。虽然这些小行为看上去微不足道，但是却为小米树立了良好的形象，形成了良好的口碑，同时很好地维护了与老客户之间的关系，提高了客户重复购买率。

4. 重新挖掘顾客价值

实际上，每一位老客户对于微电商来说都具有很大的潜在价值。据有关专家统计，每位老客户的成交难度是新客户的 1/7，这就意味着，搞定 1 位新客户所用的时间可以用来搞定 7 位老客户。每一位老客户背后隐藏着 250 位新客户，由此可见，如果能将老客户牢牢拴住，那么如果 100 位老客户每人能够给我们介绍 1% 的新客户，那么我们将收获 250 位新客户，如此这样延续，我们的业务就可以轻而易举地展开并且持续下去。因此，重新挖掘客户的潜在价值对于微电商来说尤为重要。

5. 对老客户提出要求

有的老客户在享受到“上帝”般的礼遇之后就会主动地向他的亲朋好友推荐商家，给商家免费做宣传，但是也有部分客户属于内向闷气型或好事独享型，没有主动推荐的意识。针对这类客户，你需要对其提出要求。

（1）**要求引荐新客户**。老客户的最大价值在于引荐新客户。因此，在每次与老客户沟通交流的时候，你要主动询问并提醒其帮助你介绍新客户，让老客户成为你的免费销售人员。

（2）**要求老客户重复购买**。有些老客户是小型销售商，在产品买进之后就会进行销售，待销售完的时候就会继续买进。针对这类客户，你可以通过优惠、打折、买赠等方式要求其重复购买。

6. 对给予引荐并成交的客户表示感谢

对于那些为你引荐新客户的老客户，你应当予以相应的物质感谢，这样老客户会更加愿意为你引荐更多的新客户。

（1）凡是老客户引荐而来的新客户，你一定要重视资源、抓住资源，尽可能地提高与新客户的成交率。由于老客户已经在你这里购买过产品，老客户的口碑可以给新客户增加对你产品的信任度，因此更有助于达成交易。

（2）老客户推荐的新客户一旦交易成功，你一定要信守承诺，及时地兑现老客户应得的奖励。

归根结底，市场竞争实际上是对客户的竞争，尤其是做微电商，如果能够重视对客户的维护，那么你将获得客户对品牌的忠诚度，进而获得巨大的财富。

精准细分客户，有的放矢营销

同细分产品一样，客户也需要精准细分，这样才能在激烈的竞争中脱颖而出。

细分客户的目的是为了把客户归到类似的群中，并针对各种群的共同需要和想法制定营销方案。这些群中的客户将会在你提供的高效产品服务计划下让你赚得盆满钵满。那么，如何对客户进行精准细分？

1. 界定客户

在营销初期，首先要界定客户。具体界定方法如下。

（1）根据客户内在属性进行界定，包括客户的年龄、性别、爱好、购买习惯、购买理由、职务等。

以面膜为例，可以将客户分为18~25岁，26~35岁，36~45岁，46~55岁，每个年龄段根据皮肤的年龄化程度决定了需要面膜功效的种类不同，18~25岁的年轻女性肤质细腻白净，对于补水的需求比较多；26~35岁和36~45岁的用户主要是因美白需求而购买面膜产品；46~55岁的女性脸部皱纹逐渐增多，更加注重皮肤保养，主要需求是护肤面膜。这样有针对性地将客户进行细分，可以更加容易地实现精准营销。

（2）根据客户外在属性进行界定，包括区域分布、公司、活动场所等。根据不同的区域分布、公司、活动场所，可以判断客户的购买能力。此外，客户外在属性的界定还可以从其他角度进行考察，如通过沟通了解其是否有高级轿车，是否拥有奢侈品等，但凡拥有这些奢侈品的客户大多数是具有雄厚经济实力的客户。

同时，还可以根据客户所在公司来判断其收入范围，进而根据其收入为其提供不同价位、不同功效的产品方案，这样不仅能满足客户的需求，也能更加切实地从细分客户那里赚取更多的利润。

2. 历史映射

现代营销学之父菲利普•科特勒曾经说过："推断人们将要购买什么的方法是观察人们过去购买了什么，以及正在购买什么。"因此，这里所谓的历史映射，其实讲的是根据客户的消费历史，如近期该客户买了什么、购买的价位，来判断接下来该客户会选择购买哪些产品以及哪个价位的产品。

客户的消费历史其实代表了客户对某个产品的认知，以及对产品的需求，并且包含了是否购买你的产品的可能性。通过对客户购买历史进行分析，可以得知该客户是否购买过与你的产品同类或相似的产品（如与单肩包类似的产品就是斜挎包、双肩包、手拿包等），以及相关联的产品（如买衣服，就得配套鞋子、帽子、袜子等）、互相配套的产品（如买羽毛球拍，就得配套羽毛球使用），或者是否购买过你竞争对手的产品。

3. 利润回报

实际上，根据客户的利润回报来细分客户，可以将客户分为高利润回报类客户、中等利润回报类客户和低利润回报类客户。本方法按照 2/8 规则：20% 的客户为商家创造了 8% 的利润。因此，根据能够带来的利润回报的大小可以决定在哪些客户身上多下一番功夫，多花费一些时间来引导其消费。

4. 消费频率

企业可根据消费频率将客户进行细分，消费频率越高，表明该客户能带来的价值越大。将目光集中在消费频率高的客户身上，则成交率会大幅提高。经常购买产品的客户必然是对产品有多方面的了解，因此，在这些客户身上你无需花费太多的时间和精力来介绍你的产品功能和用途等，只需要将你的产品价值展示给他看即可坐等盈利。

此外，客户对某一产品消费频率高，一方面意味着该客户对该产品的需求量比较大，另一方面代表客户的购物喜好，因此，与这类客户交易会变得容易许多。

5. 生命周期

客户生命周期是指客户消费水平随时间变化的发展轨迹，代表了客户从一个阶段向另一个阶段发展的特征。生命周期的长短影响了客户价值的大小。通常生命周期与客户价值成正比：生命周期越长，客户价值越大。随着时间的推移，客户与商家的关系会发生变化。因此，根据客户生命周期对客户进行细分，也是一种十分重要的方法。这种方法包含以下两种细分法。

（1）**根据客户忠诚度来细分**。客户对商家的忠诚度表现为：鼓吹者、支持者、长期客户、现实买主、潜在客户。不同层次的客户对商家的忠诚度有所不同，微电商可以将潜在客户逐渐潜移默化地提升为现实买主，进而一步步成为鼓吹者。另外，微电商可以根据不同层次的客户有针对性地为其提供不同需求的产品和服务，以满足不同客户的需求，进而加快其成为自己的忠诚客户。

（2）**根据客户关系来细分**。客户关系实际上就是买家与卖家之间的关系，该关系分为四个阶段，即考察阶段、形成阶段、稳定阶段和退化阶段。

在考察阶段，客户对商家的产品并不熟悉，商家对客户的购物喜好、特点也不了解，这个时候，微电商就需要与客户进行有效的沟通，分析判断哪些是有价值的客户，进而为其提供优质的产品和服务。这样做的目的是为让客户关系发展成为形成阶段打下良好的基础。

在形成阶段，客户是微电商接下来营销的重要资金来源，此时微电商需要做的就是大量投入时间、精力来维护与有价值的客户的关系。

在稳定阶段，客户与微电商之间的关系处于一种相对不变的状态，此时客户是微电商十分重要的资金来源。但是微电商已不需要投入大量的时间和精力来维护这种稳定的客户关系。

在退化阶段，客户可能会由于对微电商提供的产品不满意，或者寻找到了更加合适的产品来源，因此客户关系逐渐减弱，呈现出一种退化的状态。这个时候，客户要针对退化阶段的客户提出细致的产品和服务评估，进而改善自己的产品和服务质量，以满足客户的需求。

微电商一定要学会以上五种精准细分客户的方法。只有精准细分客户，才能使差异化成为可能，使提供的产品和服务更加有针对性，从而使客户更容易获得需求上的满足。另外，对于微电商而言，精准细分客户是作为微电商进行有的放矢营销的基础，为微电商产品和服务的改进与完善指明了方向，也为微电商提供了更加广阔的盈利空间。

第九章　做好系统维护，让微电商团队不断壮大

本章重点导读：

☆ 做微电商最重要的问题之一就是流量问题，我们需要建立一个招募系统，为自己的微电商事业“招兵买马，开疆拓土”，从而解决客流量问题。

☆ 要想做好微电商，必须建立一整套完整的体系，这样才能真正将自己的产品做出品牌。同时，建立完善的培训体系也是必不可少的，有了这个培训系统，就可以让团队中的每个成员都成为微电商方面的专家。

☆ 微电商业界称 2015 年为微电商团队年。这就意味着，在 2015 年，微电商营销更加注重团队合作。因此，建立良好的团队管理系统，有助于打造高效团队，实现提升效益的目的。

建立招募系统：招兵买马，开疆拓土

做微电商相比于经营实体店的确有很多优势，例如没有房租成本、没有流动资金的压力等。因此，投资小、回报大是微电商的一大特色。但是与实体店相比，微电商最大的问题就是客流量的问题。没有客流量，即便

是再好的产品也会滞销。因此，做微电商首先要建立一个招募系统，利用招募系统为自己的微电商事业“招兵买马，开疆拓土”，解决客流量问题。

很多人对于微电商代理存在很大的误解。很多人认为微电商代理和淘宝分销无异，其实这种观点是错误的。淘宝分销的目的其实是为了抢占更多的入口，而微电商代理的目的是为了扩展社交网络。了解了淘宝分销和微电商代理的区别之后，我们就来介绍一下微电商代理招募系统的重要内容。

1. 微电商代理分类

（1）**消费型代理**。这类代理实际上也是消费者，该类消费者身边拥有众多目标消费群体。

（2）**创业型代理**。这类代理在自己做销售的同时也会发展其他代理商。

（3）**专注型代理**。这类代理主要是通过微电商专门进行代理商招募，不做任何销售。

2. 微电商代理招募方法

（1）**消费型代理的招募方法**。主要工作是利用朋友圈进行转发，与此同时积累良好的口碑，通过这种方式获得大量的消费群体，并且经常进行互动，建立微电商和消费者之间的强关系，进而诱导其成为自己的代理。要知道，招募消费型代理的需要建立在很强的关系基础上。但是招募这种类型的代理的时候，利弊共存，有利的一方面是他成为了你忠实的代理；不利的一方面就是他本来是你最忠实的客户，可以为你引来更多的客户前来消费，但是等他转为了代理之后，就降低了给你输送客户的数量，甚至不会为你引荐客户。

（2）**创业型代理的招募方法**。这类代理人原本是微电商创业者，对于微电商创业有独到的见解和实际操作、掌控能力，有志成为优秀的微电商创业者。招募这种类型代理人可以采用两种方式，即通过优厚的代理政策和有价值的信息资源吸引他们。这类代理人的优点就是自己懂得微电商营销的操作流程，无需过多的培训；缺点就是可能在你这里做代理的真正目的就是为了取经，进而更好地经营自己的微电商事业，因此可能会出现学有所成之后就“撂挑子”的情况。

（3）**专注型代理的招募方法**。主要工作是将原来已经在做微电商代理的优秀代理人吸引到自己麾下，成为自己的代理人。具体操作方法是在线上线下同步进行引流，然后向其灌输做自己代理人的好处，引导其成为自己的微电商代理人。对于这种类型代理人，在招募的过程中要向其提供有价值的数据并给其合理的好处，这样才能真正勾起其成为你的代理人的热情，让其真正感受到成为你的代理人可以获得更多利润。这类代理人的优点就是本身具有很强的代理实力，无需花费精力去培训；缺点就是容易受到利益引诱，既可以因为你的利益政策而成为你的代理商，也会在其他人的利益引诱下成为其他人的代理商。

3. 微电商代理招募技巧

（1）**引导代理商树立正确观念**。

合作共赢观念：要让代理人树立一种与微电商合作共赢的观念，而不是上下级或相互对立的关系。

共谋发展观念：要让代理人树立一种与微电商共谋发展的理念，让代理人明白一荣俱荣、一损俱损的道理。

热情守信观念：要让代理人树立一种“服务至上，客户为本”的理念，要把客户当成上帝，对客户热情守信。

（2）**与代理人有效沟通的技巧**。

尊重：与代理人沟通时，要本着互惠互利、互相理解的原则，这样才能让代理人充分感受到你对他的尊重。

共识：与代理人在利益、服务、需求等方面达成共识，让代理人感觉到自己与你是一体的。

友谊：与代理人建立一种友谊关系，工作上是一种合作伙伴关系，生活上是一种朋友关系，从而达到高效沟通的目的。

差异：由于每个代理人的性格不同，因此在沟通时要根据其性格进行差异化沟通，例如性格桀骜不驯的要夸赞；性格活泼可爱的要语言幽默；性格温文尔雅的要稳重等。

（3）**开门见山地摆出规章制度**。

丑话先说：先将奖惩制度、规章制度开门见山地摆出来，让代理人明白制度的严肃性，让微电商营销代理运作有章可循、有理可依。

注重承诺：给代理人许下的承诺要及时兑现，切勿食言。

（4）**引导代理人保持良好心态**。

乐观：教导代理人无论遇到任何情况，都要保持乐观的心态去解决问题。

积极：对客户要服务周到，用积极主动的行动来赢得客户的良好印象。

不卑不亢：在业绩好的时候要不骄傲、不得意忘形，在业绩不好的时候不可心灰意冷、意志消沉。

（5）**要鼓励代理人看得长远**。

看长远：切勿只看眼前利益，而要把眼光放长远，这样才能使微电商长足发展。只有放长线，才能钓大鱼。

完善培训系统，让每一位团队成员都成为专家

要想做好微电商，必须建立一整套完整的体系，这样才能真正将自己的产品做出品牌。同时，建立完善的培训体系也是必不可少的，有了这个培训系统，就可以让团队中的每位成员都成为微电商方面的专家。

1. 培训内容

培训体系所涉及的内容通常包括产品知识培训、服务标准培训、代理政策培训、营销推广培训、时间管理培训等。其中，营销推广和服务标准培训是最重要的也是很多微电商极易忽视的内容。

（1）**产品知识培训**。主要是向团队成员介绍产品的设计理念、产品成型过程、产品包装理念等，让团队更加了解自己的产品，掌握专业知识，帮助团队成员向消费者推销产品，并且更好地为客户解决问题。此外，学习产品知识也可以赢得顾客更多的信任。

（2）**服务标准培训**。主要是对团队成员的服务热情、服务态度、服务质量等几方面进行培训，旨在提高团队成员的服务质量，从而树立良好的

服务形象，与客户建立良好关系。

（3）**代理政策培训**。对团队中代理人员进行培训，让其更加明确代理政策的具体内容，了解奖惩制度，从而提高代理人员的工作积极性，带动更多的人努力工作，彻底消灭消极、懒散的现象。

（4）**营销推广培训**。循序渐进地引导团队成员了解市场销售情况以及销售经验，通过合理的培训方式，对团队成员进行有针对性的营销推广培训。此外，还要分类讲解、重点突出，帮助团队成员更快速掌握营销技巧。

（5）**时间管理培训**。主要是引导团队成员养成正确的时间管理习惯，高效地解决客户提出的所有问题，建立时间观念，最大限度地利用时间提升工作效率，在预定时间内完成工作任务。

2. 培训时间

根据培训内容类别进行时间规划，集体安排培训课程时间，有计划性地完成培训工作。如无特殊情况，都应当在既定的时间内完成。对于培训时间，往往会根据紧急性和重要性两方面进行安排。

（1）**紧急并重要**。在这种情况下要临时安排紧急培训，以保证能够在第一时间内完成培训工作。

（2）**紧急但不重要**。在这种情况要选择在工作时间进行培训，以便培训工作及时完成。

（3）**重要但不紧急**。在这种情况下可以安排在休息时间进行培训，并融入互动，调动团队成员的积极性。

3. 培训工具

进行培训时，可以选择多种工具，通常采用线上为主、线下为辅的方式。

（1）**线上培训**。线上培训借助互联网优势，培训成本低，甚至没有任何成本就可以顺利完成，适合内部培训，可以在微信群里直接利用语音或视频进行培训。

（2）**线下培训**。线下培训较线上培训而言，成本相对更高，所需费用通常包括场地费、音响设备租赁费等。

4. 培训团队

任何活动都不是只靠一个人就能完成的，而是要经过团队成员之间的相互合作、配合才能顺利进行。因此，微电商要从自己的团队中挖掘优秀的讲师，并组建培训团队，把他们的成功经验和技巧传播到整个微电商团队中，让每个成员都成为自己岗位上的专业人员。

此外，对于一些针对性非常强的培训课程，可以委托专业培训机构的培训师来讲授。知名的微电商培训机构有骑士微电商培训、微电商特训营、微电商导师班等。

建立团队管理系统：打造高效精英战队

微电商业界称 2015 年为微电商团队年。这就意味着，在 2015 年，微电商营销更加注重团队合作。因此，建立良好的团队管理系统，有助于打造高效团队，实现提升效益的目的。

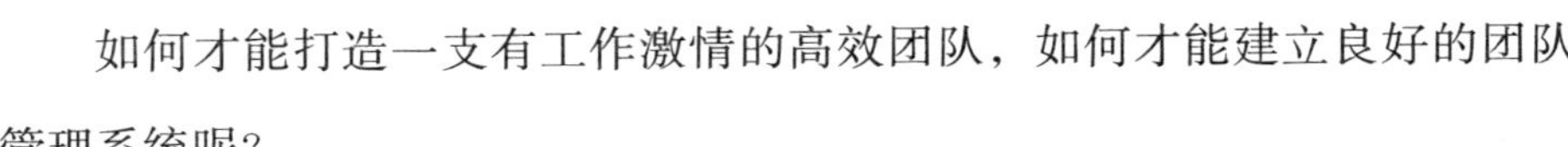

如何才能打造一支有工作激情的高效团队，如何才能建立良好的团队管理系统呢？

（1）**起一个响亮的名字**。所谓“师出有名”，出兵征伐要有一个正当的理由。同样，做微电商也像作战一样，需要根据自己销售的产品起一个响亮的名字，并为大家共同的目标而努力奋斗。

（2）**找一个意见领袖**。有时候，微电商团队可能会出现团队成员积极性不高、工作热情不够高的情况。这时候就需要找一个积极向上、充满正能量且在团队里具有影响力和感染力的人，让他成为团队的主心骨，带动团队成员积极参加活动，提高团队成员的活跃度。

（3）**树立榜样**。一支优秀的团队必然需要一个优秀的榜样作为大家学习的标杆，这样不但可以提高大家的学习积极性，还可以营造良好的竞争氛围，让整个团队的气氛活跃起来。

（4）**打造团队文化**。无论做任何营销，都要有属于自己的团队，并且还要有属于自己的团队文化，只有这样的团队才能真正拥有战斗力。团队文化包括团队标语、团队聚会、团队精神、团队管理等。一个团队是由很多人组成的，因此就需要有团队文化和制度，只有这样才能将团队成员的潜能最大限度地发挥出来，才能使整个团队在营销过程中更有激情。一个有共同价值观的团队更有凝聚力，发展前景更广阔。

（5）**学会给团队打气**。挫败不可怕，关键是能否在遭受挫败后依然打起精神总结经验教训，在挫折中寻找完善和改进的方法，振奋精神，继续奋战。做微电商更要注意这一点，要学会给团队打气。如果有成员在营销过程中遭到挫败，就要及时给他打气，让其重新打起精神，对自己和自己的产品重新充满信心。给团队打气的方法看似是一种形式，其实能够发挥的作用是非常强大的。

（6）**建立奖惩政策**。激励包括精神奖励和物质奖励，只有这两种激励方式相互配合，才能让团队向前迈进的步伐更加稳健有力。精神激励主要是口头上的奖励，团队成员有突出业绩的时候可以进行口头表彰，让更多成员做出优秀业绩。物质奖励就是以实物或金钱等方式进行奖励，如奖金、红包、生日礼物等。激励政策一定要提前向团队成员公布，如果有团队成员做到了其中一项，就应当及时按照政策对团队成员进行奖励，切勿拖拖拉拉，致使政策形同虚设。只有说到做到才能让团队成员信服，并且服从奖惩政策。

小米公司内部设置了“爆米花奖励”，如果员工开发出的新功能深受用户喜爱，并且获得了用户的投票好评，那么负责该项目的员工将得到一桶爆米花作为奖励，还可以获得“大神”的称号。这种把员工奖惩与用户体验直接挂钩的做法，代替了传统企业的考核制度，更能激发员工的工作积极性和工作效率。小米对员工的这种激励方式是其他企业所没有的。

（7）**建立培训机制**。加入微电商营销团队的成员越来越多，其中包括有经验的老手，也包括新手，因此，建立培训机制显得尤为重要。微电商应当经常组织内部培训，让团队成员更了解自己内部的产品，此外还应该不定时地邀请微电商营销“大咖”以及微电商精英等分享营销经验。分享的内容应当包括具有可操作性的内容，并且要有案例做展示，否则是不能实现培训目的的，既不能提高团队成员的工作能力，也不能提高微电商营销技巧，因此也就不能提升营销业绩。

第十章　做好售后维护，服务是最好的营销

本章重点导读：

☆ 当前微电商之间的竞争愈演愈烈，更多的表现为品牌竞争、价格竞争、广告竞争等，但归根结底还是围绕客户的竞争，这也是由其自身特点决定的。由于做微电商实际上就是发展社交网络，因此留住客户才是关键。只有将客户变成长期客户，微电商才能做得更加长久。

☆ 在如今市场竞争日益激烈的情况下，"以客户为导向"已经逐渐成为了一种营销理念。对客户而言，花钱购买的不仅仅是优质的产品，更重要的是一种优质的服务体验。尤其是对于微电商来说，服务质量非常重要，好服务是微电商的金字招牌。

微电商不是一锤子买卖，留住客户是关键

当前微电商之间的竞争愈演愈烈，更多的表现为品牌竞争、价格竞争、广告竞争等，但归根结底还是围绕客户的竞争，这也是由其自身特点决定的。由于做微电商实际上就是扩展社交网络，因此，留住客户才是关键，只有将客户变成长期客户，微电商才能做得更加长久。

客户是重要的利润来源，也是微电商营销的动力。客户不但是购买产品的消费者，也是微电商实现长足发展的原动力。因此，要想留住客户，就必须要明白客户是需要微电商用心经营的。实际上，经营客户也是一门学问。

（1）**态度要真诚**。无论做任何事情，态度是关键。做微电商关键是发展社交网络，因此，只有带着一颗真诚的心来对待客户，站在客户的立场上为客户考虑，才能真正赢得客户的心。

（2）**信心要充足**。无论做什么，一定要有坚定的信心。尤其是微电商，更需要信心百倍地去面对每一位客户，客户在接受你的基础上更容易接受你的商品。

（3）**观察要细心**。微电商需要具备敏锐的目光，要能细致入微地观察到每一个细节，了解客户的每一个细微变化，从而为客户提供更加符合其需求的产品和服务。

（4）**承受力要高**。由于微电商每天会面对各种各样的客户，包括不同的背景、性格、态度的人，因此，要灵活应对各种客户提出的各种问题，具备很强的承受能力和抗打击能力，只有这样才能从容地面对各种困难，进而独当一面。

（5）**知识要丰富**。微电商要面对形形色色的客户，因此要具有丰富的知识，能够在与不同的客户沟通时投其所好，让客户产生如遇知音的感觉，这样彼此才能谈得投机，进而建立信任。

（6）**责任心要强**。责任心决定了微电商的业绩。一个讲信誉的人必然会受到众人的尊重，进而提升自身和产品的良好形象，最终提升产品销量。反之，如果是一个不讲信誉的人，必将失去客户的信赖，进而失去更多客户。

（7）**让客户满意**。微电商销售的不仅是产品，也有服务，而检验服务优劣的标准就是客户评价。客户的意见和建议可以为微电商的发展指明方向，也使微电商更加有效地展开营销活动。如果客户对产品和服务满意，那么其就会主动向自己的亲戚、朋友、同事等人推荐该产品，从而变相地为产品进行免费宣传，使微电商收益增加。由此可见，客户是否满意是微电商能否长期发展的先决条件，也是微电商能否战胜竞争对手的重要因素。

（8）**重视反馈信息**。客户之所以离开去寻觅更加适合自己的交易对象，关键是因为对产品和服务感到不满。因此，要想留住客户，微电商还应该重视客户反馈的信息，从中观察客户对哪些方面感到不满。微电商可以参考这些信息发现自己的不足，并及时采取补救和完善措施。这样做不但有助于微电商进行自我提升，也能让客户感到自己反馈的信息得到了重视，从而提升了其成为回头客的概率。

（9）**及时接受、改正错误**。谁都会犯错误，关键是能否认识到自己的错误，并及时改正错误，微电商也是要如此。如果在交易过程中或交易后出现了错误，有客户抱怨或表示不满，就要及时认识自己的错误，切勿为自己的错误找借口，否则客户会对你没有按时完成产品交易或者邮寄地址填写错误，以拿各种借口推托表示厌恶，这样就给客户造成了非常恶劣的印象，最终造成客户流失。事实上，与其为自己的过失找借口，还不如诚恳承认自己的错误，并及时补救，或者给客户让利，这样做不但会让客户认为你非常有责任心，还会赢得客户的信任。

（10）**保持最高的服务标准**。无论生意好坏，都应当有自己的服务标准。如果在生意较差的时候降低服务标准，那么你的营销工作会更加难以开展，更容易失去客户，进而造成滞销甚至店铺倒闭。

（11）**切忌固步自封**。如今是移动互联网时代，信息发布频繁，市场变化飞快。微电商如果固步自封，就会对行业了解得不够深入，对于客户的疑问也不能给出合理的解释，也不能获得客户的信赖，更无法留住客户的心。因此，微电商要开拓进取，不断自我学习，提升能力，成为行业先锋，客户自然而然就会选择与你交易。

（12）**定期、节日送礼、送券**。要定期给客户送礼，并为其送上福利，这样才能让客户始终保持热情和活跃度，并成功留住客户。

2015 年 4 月，前华为荣耀副总裁刘江峰打造的全新创业项目“Dmall 多点商城”正式上线，主打一小时生鲜配送服务。但是 Dmall 多点商城和其他生鲜电商有所不同，它并没有建立自己的物流和冷链系统，而是选择和各大超市合作，将超市作为其仓储。目前，Dmall 多点商城与多家大型超市合作，如物美超市、乐购超市、麦德龙超市等。2015 年国庆节期间，多点推出“国庆四弹”活动（见图 10-1）。国庆第 1 弹是“多点刮刮乐”活动（见图 10-2），通过刮一刮获得现金券；第 2 弹是“万达电影票成双赠送”活动；第 3 弹是“双周囤货节”，即满 150 元减 50 元活动；第 4 弹是“集齐 8 款优惠券送牛奶”活动。其实 Damll 多点商城推出的这四项活动就是节日送礼和送券活动。

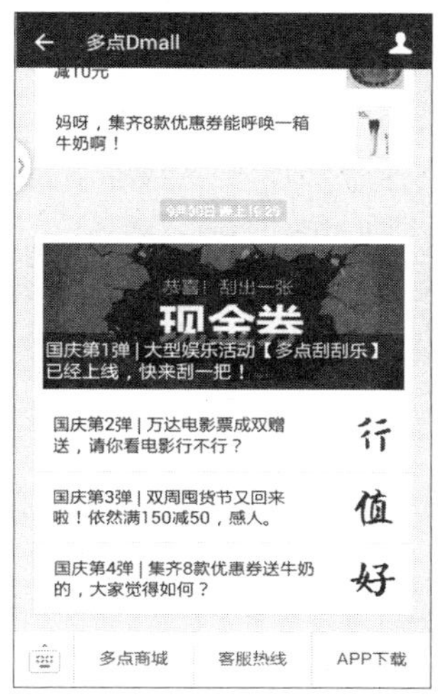

图 10-1 “国庆四弹”活动

图 10-2 “多点刮刮乐”活动

好服务是微电商的金字招牌

在如今市场竞争日益激烈的情况下，“以客户为导向”已经逐渐成为一种营销理念。对客户而言，花钱购买的不仅仅是优质的产品，更重要的是一种优质的服务体验。尤其是对于微电商而言，服务质量非常重要，好服务是微电商的金字招牌。

客户是微电商的主要资产，也是重要的信息来源。微电商借助移动互联网改变着其与客户之间的关系，同时也创新了对客户的服务模式，客户

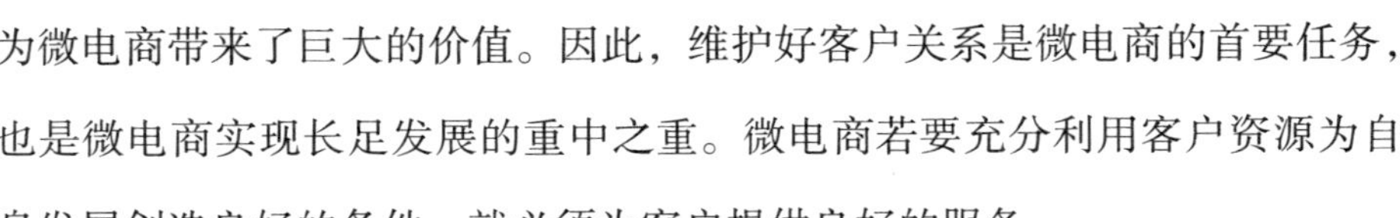

为微电商带来了巨大的价值。因此，维护好客户关系是微电商的首要任务，也是微电商实现长足发展的重中之重。微电商若要充分利用客户资源为自身发展创造良好的条件，就必须为客户提供良好的服务。

如何才能为客户提供好的服务呢？

（1）**组建优质的客服团队**。优质的客服团队是实现优质服务的重要基础和前提。一支高效的优质团队可以全面支撑服务部门，从而为客户提供优质服务。

（2）**提供细致入微的服务**。团队组建好之后，每一位客服成员都应该具备超前的服务意识和良好的沟通能力，为每位客户提供细致入微的服务。

（3）**做好售后服务工作**。随着人们消费观念的转变和维权意识的不断加强，消费者在选择商品的同时十分注重商品的售后服务质量。因此，微电商在为客户提供优质商品的同时，还应该注意为其提供完善的售后服务。

售后服务看似是一次交易的结束，其实是一次全新交易的开始，因为良好的售后服务可以带来老客户的下一次交易。如果产品售后服务承诺没有兑现，那么就意味着产品交易并没有真正完成。此外，好的售后服务可以给客户留下良好的印象，增进彼此之间的感情，为下一步合作奠定基础。因此，售后服务质量决定了客户是否会继续购买，即关系到着客户的复购率。

（4）**不断提高服务质量**。随着客户对服务质量的期望和要求越来越高，微电商为客户提供的服务质量标准也不能一成不变，而是需要不断地创新服务模式、更新服务内容，以及创造性地运用各种高效的服务理念，从而为客户提供更加贴心的优质服务。

（5）**坦诚接受抱怨和投诉**。当有客户对购物过程或者售后服务表示不满或进行投诉时，售后服务人员要站在客户的角度为客户考虑问题，并抓住问题的本质，从根本上为客户提供解决方案，让客户得到满意的回复。切勿被客户恼羞成怒的心情和情绪所左右，进而对客户出言不逊，这种做法是最不理智的。相反，应当坦诚接受客户的抱怨，并用诚恳的态度向客户真诚道歉。此外，还要认真听取客户的投诉意见，及时、妥善地处理好客户提出的问题，完善自身不足，这样可以使自身涵养和服务质量得到提高。

据调查，对产品和服务不满意的客户并不一定不会再次购买该产品。实际上，如果商家能重视客户的不满并对产品和服务进行改进和完善，80% 的客户还是会选择继续购买该产品的。IBM 曾经做过一项关于老客户离开原因的，调查结果如下：

- 1% 是由于老客户已经去世；
- 3% 是因为老客户搬迁，离开了原来的区域；
- 4% 是因为非自然的流动（因为一时好奇而选择产品，并不断地更换产品）；
- 5% 是因为购买了朋友、亲人、同事等推荐的其他同类产品；
- 9% 是因为将目光转向了更加便宜的产品；
- 10% 是因为长期对产品有抱怨情绪；
- 68% 是因为客户的需求没有得到重视，他们的抱怨没有得到及时处理，从而无法满足自身需求。

互联网时代是客户至上、服务至上的时代，只有让客户满意才能在微电商领域立足、生存、发展。事实上，服务也是一种营销方式，服务也需要不断创新和变革，唯有如此才能为微电商的发展提供巨大的价值。